El libro de la paternidad responsable

FRED ROGERS

El libro de la paternidad responsable

Consejos para resolver
situaciones conflictivas
de la vida familiar

ONIRO

Título original: *The Mister Rogers Parenting Book*
Publicado en inglés por Running Press Book Publishers

Traducción de Joan Carles Guix

Diseño de cubierta: Valerio Viano

Ilustración de cubierta e interiores: Maureen Rupprecht

Distribución exclusiva:
Ediciones Paidós Ibérica, S.A.
Mariano Cubí 92 – 08021 Barcelona – España
Editorial Paidós, S.A.I.C.F.
Defensa 599 – 1065 Buenos Aires – Argentina
Editorial Paidós Mexicana, S.A.
Rubén Darío 118, col. Moderna – 03510 México D.F. – México

© 2003 exclusivo de todas las ediciones en lengua española:
Ediciones Oniro, S.A.
Muntaner 261, 3.º 2.ª – 08021 Barcelona – España
(oniro@edicionesoniro.com – www.edicionesoniro.com)

ISBN: 84-9754-081-6
Depósito legal: B-25.396-2003

Impreso en Hurope, S.L.
Lima, 3 bis – 08030 Barcelona

Impreso en España – *Printed in Spain*

Índice

Situaciones especiales

Agradecimientos

Son nuestros padres quienes nos enseñan a ser padres. Así pues, este libro bien podría estar dedicado a los míos. Les estoy profundamente agradecido, tanto a ellos como a mis abuelos, pues supieron valorar la infancia en su justa medida. Gracias a su cariñosa orientación guardo un profundo y maravilloso recuerdo de aquellos primeros años de vida, así como un aprecio muy especial respecto a las alegrías y los desafíos de la paternidad.

Como padre, también estoy agradecido por el crecimiento personal que hemos experimentado mi esposa y yo como consecuencia de ser padres de nuestros hijos y abuelos de nuestros nietos. Por supuesto que desearíamos haber hecho las cosas de otro modo en algunos momentos de la paternidad, pero hemos procurado no sentirnos demasiado culpables de ello. Una cosa es segura: siempre intentamos hacerlo lo mejor posible.

Nuestra consultora psicológica de «Neighborhood», la doctora Margaret McFarland, orientó nuestro trabajo con sabiduría y generosidad. Fue ella la que me ayudó a comprender la importancia fundamental de las relaciones familiares y la empatía hacia la infancia. La capacidad de Margaret para captar el significado del complejo desarrollo de la personalidad humana, además de hacer comprensible a sus alumnos dicha comprensión, fue un verdadero regalo del cielo para nosotros.

La doctora Nancy Curry, amiga íntima y colega, se prestó a compartir ampliamente su cúmulo de experiencias adquiridas a lo largo de años de trabajo directo con niños de corta edad, de enseñanza y tutoría a estudiantes universitarios, y de asesoría a las familias. Le damos las gracias por haber leído este manuscrito y hacernos partícipes de sus reflexivos comentarios.

Y aquí, en Family Communications, quiero expresar mi más sincero agradecimiento a Hedda Bluestone Sharapan, cuya dedicación personal a cada una de las etapas de este trabajo hizo posible que este libro viera la luz, así como también a Cathy Cohen Droz por su constante atención al texto y las ilustraciones.

También queremos dar las gracias a Barry Head por habernos facilitado un rico legado de anécdotas y por ayudarnos a comunicar con los padres durante los primeros años. Mientras trabajábamos en este manuscrito, nos resultaron especialmente útiles las dilatadas sesiones de asesoría con la doctora Roberta Schomburg y el contacto con una joven madre de nuestra plantilla, Britanny Loggi-Smith. Gracias también a todo el personal de Family Communications por su ayuda y colaboración diaria de mil formas diferentes, tanto visibles como invisibles.

Asimismo, queremos dar las gracias a nuestros amigos de Running Press. Desde el principio, Buz Teacher, que también es padre, nos animó y ofreció todo su apoyo. Nuestra editora, Melissa Wagner, nos comunicó su entusiasmo y nos proporcionó un sinfín de sensatas sugerencias editoriales. Y vaya nuestro agradecimiento especial para nuestra diseñadora, Alicia Freile, por su paciencia y dedicación en la confección de estas páginas. El hecho de que resulten tan atractivas es un mérito personal. Las ilustraciones de Maureen Rupprecht siempre añaden un toque de calidez y sensibilidad a nuestras palabras.

A lo largo de los años, muchos padres han compartido sus experiencias e ideas con nosotros a través de cartas, conversaciones telefónicas, correo electrónico y cara a cara. Sus historias me han ayudado a comprender que quienes nos dedicamos a la «paternidad» nunca estamos solos.

Introducción

Los niños crecen de mil formas diferentes entre los tres y los seis años. ¡Qué período de tiempo más emocionante y significativo en todas las áreas de su vida! Día a día, son capaces de hacer más y más cosas, utilizan mejor las manos y los pies, con lo cual pueden manipular mejor los lápices de colores y los bloques de construcción, además de correr, saltar y montar en triciclos. ¡Resulta tan apasionante...!

Pero también es un período de tiempo emocionante y significativo para los padres, ya que los niños, al ser capaces de expresar sus ideas y sentimientos, les permiten compartir con ellos su sentido del asombro. Los pequeños nos ayudan a abrir los ojos con su curiosidad natural, y dado que no poseen un sentido demasiado amplio de la causa y del efecto, o de lo que es real y de lo que no lo es, rebosan interpretaciones creativas –¡y también falsas interpretaciones!–. ¡Qué período más especial para los padres, que prestan oídos a las preguntas y conclusiones de sus hijos! Los niños nos dan el extraordinario regalo de una visión fresca e intrigante del mundo.

Como es lógico, estos primeros años también constituyen todo un desafío tanto para los niños como para los padres. Los niños de corta edad están llenos de sentimientos, a menudo difíciles de expresar y de controlar. Los niños no nacen con el don del autocontrol, sino que necesitan mucha ayuda en su intento por encontrar formas apropiadas de expresarlos.

En su mundo social aprenden lo que significa el término «amigo», pero aun así, son egocéntricos. No son capaces de ver las cosas desde una perspectiva ajena, y como resultado, les resulta muy complicado compartir y congeniar con sus semejantes.

Los niños pequeños buscan la ayuda de los padres para comprender el mundo que los rodea, sus relaciones con los demás y sus desconcertantes sentimientos interiores. En ocasiones, mostrarse exigentes, temerosos y de vez en cuando agresivos forma parte de su desarrollo normal. Con frecuencia formulan preguntas capciosas. Básicamente, los niños nos dicen: «Sois adultos. Conocéis todas estas cosas. Tenéis que ayudarme. Sólo soy un niño».

Ecos de la infancia

Con todo, puede resultar todo un reto comprender qué tipo de ayuda necesitan los niños para afrontar las situaciones familiares cotidianas, las nuevas experiencias y sobre todo las épocas difíciles, aunque ni que decir tiene que, por el mero hecho de estar ejerciendo la paternidad, dispones de uno de los recursos más importantes que puedes utilizar: ¡también tú fuiste un niño en su día!

Y dado que nosotros, los adultos, también fuimos niños, hemos vivido los mismos años de la primera infancia por los que ahora pasan nuestros hijos. Hemos experimentado los sentimientos infantiles, y si bien es posible que no los recordemos conscientemente, lo cierto es que de algún modo permanecen en nuestro interior.

Tal vez hayamos olvidado lo que significa ser incapaz de alcanzar el interruptor de la luz o qué se siente cuando se tiene un berrinche, pero estos recuerdos siguen estando ahí y podemos evocarlos simplemente viendo y oyendo algo que dicen o hacen nuestros hijos.

Dado que también fuimos niños, las raíces de nuestra empatía ya están asentadas en nuestra propia naturaleza. Sabemos por experiencia lo que significa sentirse pequeño, impotente, indefenso y confuso. Cuando seamos capaces de sentir algo de lo que podrían sentir nuestros hijos, nos resultará muy útil reflexionar acerca de cuáles son sus necesidades y cómo podríamos satisfacerlas.

La primera infancia constituye la parte más importante de la vida, pues define todo lo que haremos en el futuro. Revivimos permanentemente las mismas dificultades de la niñez: necesidad de ser amados, encontrar un equilibrio entre la independencia y la dependencia, ser capaces de hacer frente a la separación de nuestros seres queridos, combatir la agresividad y desarrollar el autocontrol.

Cada vez que abordamos este tipo de situaciones, tenemos una nueva oportunidad de alcanzar una mayor maestría sobre ellas. Cuando somos padres, el mero hecho de vernos implicados en las dificultades de

nuestros hijos evoca un nuevo aspecto de nuestro ser: como padres, tenemos una nueva oportunidad de crecer. Y si podemos proporcionarles comprensión, confort y esperanza cuando necesitan este tipo de apoyo, es más probable que tengan la ocasión de llegar a la edad adulta con la capacidad de encontrar estos recursos en sí mismos.

Reflexiones acerca de la infancia

Teniendo en cuenta que la mayoría de nosotros no somos capaces de recordar demasiadas cosas de nuestros primeros años de vida, debemos estar agradecidos a quienes, en el ámbito del desarrollo infantil, se empeñan en aprender constantemente nuevos aspectos acerca de cómo crecen los niños, cómo aprenden y cómo afrontan los sucesos ordinarios y extraordinarios en las diferentes etapas de su vida.

Cuanto más capaces seamos de comprender lo que nuestros hijos podrían sentir, mayor será el grado de empatía en nuestras manifestaciones cotidianas. Así, por ejemplo, en lugar de tomarnos el mal comportamiento de los pequeños como algo personal, podemos empezar a comprender cuáles son sus orígenes. La comprensión conduce invariablemente al descubrimiento de nuevas formas con las que ayudarlos.

Aunque la empatía nos permite ver las cosas desde la perspectiva del niño, es preciso conservar el punto de vista adulto como padres. Si bien podríamos recordar cuán enojados estábamos de niños cuando un adulto nos decía que dejáramos de jugar y que nos acostáramos, debemos equilibrar esa empatía con la necesidad de establecer límites. Para ello podríamos recurrir a frases tales como: «Ya sé que te estás divirtiendo muchísimo y que no quieres dejar de jugar, pero ya es hora de acostarse». Los niños no desean que sus padres establezcan reglas y límites; lo que en realidad necesitan es que asuman el control.

Incluso las luchas de poder con los niños pequeños tienden a malinterpretarse como una declaración de guerra: «Mi hijo pretende fastidiarme». Pero cuanto más comprendemos que es natural y necesario para ellos reafirmar su autonomía, mayores posibilidades tenemos de reconocer que sus desafiantes «¡no!» quieren decir en realidad: «¡Necesito ser un ser humano independiente!». Entonces, dependiendo de la situación, podríamos ser mucho más capaces de elegir las alternativas más adecuadas, o tal vez distracciones, para poner fin a la lucha de poder, al tiempo que nos seguimos comportando como el «adulto que asume el control».

Comunicación familiar

No existen recetas mágicas para cuidar en todo momento de la comunicación con los niños. Cada pequeño es único, y cada padre es único. Lo que da resultado con un niño en una familia puede que no funcione con otro.

Sin embargo, la comunicación reafirma la realidad de «no te preocupes, estamos aquí» y hace posible que nuestros hijos se den cuenta de que cuidamos de ellos. Tanto si están hablando, jugando, bailando, cantando o pintando, debemos prestarles la debida atención. Los niños se comunican de formas muy diversas a través de lo que hacen y de cómo reaccionan ante lo que hacemos.

Por supuesto que todos los seres humanos no se comunican solamente mediante palabras. En efecto, hacemos saber a nuestro interlocutor cuán importante es algo para nosotros con la simple forma de mirarlo y de prestarle atención. Nuestro cuerpo es tan expresivo como nuestras palabras. Veamos un ejemplo. A veces, cuando los niños están asustados, pueden sentirse seguros con una simple caricia.

Para que los niños se sientan seguros, nuestra comunicación con ellos debe ser constante y coherente, aunque es innegable que en ocasiones las madres y los padres podrían abordar las situaciones de un modo diferente. Aun así, los niños necesitan saber cada día qué es lo que deben esperar de sus progenitores, además de comprender que cada persona, incluso cada padre, es diferente.

Si los padres son capaces de reflexionar acerca de sus actitudes y valores, y acerca de las reglas y la disciplina, se sentirán mucho más cómodos con sus ideas. Ni que decir tiene que no estarán siempre de acuerdo, y esto es algo que deben aceptar, pero hablar puede contribuir a mantener los desacuerdos dentro de unos límites razonables. Ninguna madre ni ningún padre se crió exactamente de la misma forma, y toda nuestra naturaleza constituye una continua evocación de nuestra propia infancia en la tarea de criar a nuestros hijos.

La comunicación es un proceso en el que aprendemos más cosas acerca de los hijos y de nosotros mismos. Es así como la paternidad nos ofrece una nueva oportunidad de crecimiento personal.

La vida familiar está llena de sentimientos

Como es lógico, la comunicación familiar también incluye ocasiones en las que nos enfadamos con nuestros hijos y otras en las que son ellos los que se enojan con nosotros. Es algo que forma parte del ser humano. A decir verdad, una de las canciones de nuestro programa *Neighborhood* trata de la estrecha conexión entre el amor y la cólera. La canción empieza con: «Aquellos a los que amas son los que te pueden hacer sentir más dichoso». Y el segundo verso dice: «Aquellos a los que amas son los que te pueden hacer sentir más triste». La búsqueda de formas constructivas de expresar nuestro enojo, tanto si somos padres como hijos, constituye una de las tareas más importantes de la vida.

A menudo, el enfado que sentimos hacia nuestros hijos tiene sus orígenes en nuestras propias necesidades. Cuando un niño nos avergüenza en un supermercado, tenemos la impresión de que los demás nos observan y piensan: «¡Qué mal padre!». O quizá, después de haber invertido muchísimo tiempo y esfuerzo para preparar un menú especial, el pequeño dice: «¡Puaj!» y se niega a comerlo, lo cual nos puede hacer sentir que no es sólo la comida lo que está siendo rechazado, sino nosotros mismos. En ocasiones, cuando los niños se muestran dependientes y quejumbrosos, también podríamos experimentar un impulso que nos incitara a comportarnos de un modo lastimero y exigente. Pero no nos gusta. No queremos que se nos recuerde que también nosotros tenemos este tipo de sentimientos; de ahí que incluso podríamos sorprendernos al reaccionar de una forma realmente combativa ante las quejas de nuestros hijos.

Cuando empezamos a comprender un poco el significado de algunos de los sentimientos que aportamos a nuestra paternidad, podemos ser más tolerantes con nosotros mismos. Nos satisface pensar que somos capaces de contribuir al desarrollo de nuestros hijos y nutrirlos con nuestras propias experiencias.

Con todas las tensiones de la vida familiar, puede ser útil reservar un poco de «tiempo a solas» en algún momento del día. Eres la persona más importante en la vida de tu hijo y si haces todo cuanto está en tus manos para nutrirte a ti mismo, tendrás más energía para nutrir al niño.

¿Sólo una etapa?

Con frecuencia es difícil saber dónde reside la diferencia entre algo que es una «simple etapa» en el desarrollo de tu hijo y algo que requiere una intervención más profesional. Tal vez te resulte tranquilizador oír decir a algunos padres que también ellos tienen que hacer frente a las mismas situaciones o que otros han pasado por luchas de poder similares, de manera que puedes tener la esperanza de que se trate de una simple «etapa» que pronto superará, al igual que lo hicieron los hijos de los demás.

Si el problema persiste, bien podría merecer la pena hablar con un puericultor o con un monitor de guardería que os conozca a los dos. Los especialistas en la primera infancia suelen adivinar enseguida si se trata de un comportamiento normal o si el niño puede necesitar una intervención adicional.

Cuando no somos capaces de comprender un problema y tenemos la sensación de que excede de nuestras posibilidades de abarcarlo todo, es importante buscar ayuda. Hacerlo es un signo de sensatez. En todas las comunidades hay personas que han elegido dedicarse profesionalmente a la comprensión de los niños. Tal vez podrías solicitar su colaboración, conocerlos a fondo y dejar que te conozcan a ti y a tus hijos. Los profesionales que nos conocen y que cuidan de nosotros son los que pueden darnos el mejor de los consejos.

Crecemos poco a poco

Los padres no alcanzan su plenitud con el nacimiento de su primer bebé, sino que en realidad, la paternidad consiste en un prolongado proceso de crecimiento. Se trata tanto de nuestro propio crecimiento como del de nuestros hijos, y este tipo de crecimiento se produce poco a poco. Resulta tentador pensar que «poco» no es significativo, y que sólo «mucho» cuenta. Pero la mayoría de las cosas que son importantes en la vida empiezan con algo muy pequeño y van cambiando muy lentamente; no llegan a bombo y platillo y con lucecitas parpadeantes.

A menudo, ser padres nos obliga a conocernos mejor de lo que habríamos imaginado. Nos mostramos predispuestos a descubrir ideas asombrosas y sentimientos en nuestro interior, incluso talentos, que jamás habíamos soñado que podríamos concebir. Sin embargo, a medida que pasa el tiempo, la mayoría de nosotros caemos en la cuenta de que tenemos mucho más que dar y que realmente somos capaces de hacerlo.

Como es natural, nuestra capacidad de dar tiene sus límites, y necesitamos sentirnos a gusto al reconocer que no podemos ser «todo» para nuestros hijos. De la misma forma que los niños necesitan tiempo para comprender qué es el amor verdadero, también los padres necesitan tiempo para comprender que mostrándose pacientes, serenos, comprensivos y respetuosos a todas horas no es necesariamente lo que significa ser «buenos padres». Los llamados «padres perfectos» e «hijos perfectos» no existen. Los «padres humanos» y los «hijos humanos» sí, y es a vosotros a quienes está dedicado este libro.

Experiencias cotidianas

Día a día, en el «nido» cálido, seguro y confortable de la vida familiar, los niños aprenden la mayoría de las cosas esenciales relacionadas con cuanto les rodea y sobre todo a convivir con sus semejantes. La vida diaria requiere una cierta estructura y una cierta rutina con el fin de que todos en la familia sepan qué es lo que deben esperar y para poder pasar una jornada tras otra con comodidad y predecibilidad.

Esto significa, claro está, que los niños no pueden hacer sólo lo que les apetece. Existen reglas y límites acerca de las cosas respecto a cuándo deben comer, qué deben comer y cuándo hay que dormir. Y por mucho que se empeñen en «desafiar» las reglas, necesitan –y desean– que sean los adultos quienes asuman el control de la situación.

A medida que los pequeños afrontan los altibajos de la vida cotidiana con los padres, hermanos, hermanas y amigos, aprenden todo lo relativo al compromiso, la responsabilidad, el amor, el enojo, la generosidad, la compasión y la cooperación, desarrollando poco a poco la capacidad de esperar, compartir, intentar, superar la insatisfacción, comprender y expresar sus sentimientos. Día a día comprueban hasta qué punto se parecen a los demás y en qué se diferencian de ellos. Con un poco de suerte, empiezan a darse cuenta de que son únicos y de que todos los seres humanos lo son.

Como padre, nutres, reconfortas, resuelves problemas, proteges, estableces límites y muchas cosas más. En la seguridad de la familia estás ayudando a que tu hijo comprenda cómo debe comportarse con sus semejantes, qué actitud adoptar frente a las reglas y límites, cómo cooperar, comprometerse y negociar, cualidades todas ellas esenciales para las relaciones que va a mantener en el futuro.

La hora de la comida

«Al ver las aceitunas negras en la mesa, a la hora de cenar, empezaron a juguetear con ellas, como si de pelotitas se trata, antes de comérselas. Mi marido y yo no sabíamos a ciencia cierta cómo había que afrontar la situación. Teníamos una regla específica: no jugar con la comida, pero era difícil saber hasta qué punto debíamos mostrarnos estrictos. Sin embargo, las niñas no estaban ensuciando el mantel ni desperdiciando la comida; de ahí que hubiéramos establecido esta regla. Preferimos pensar que si les dejábamos divertirse un poco con las aceitunas, tal vez se mostrarían más predispuestas a aceptar las demás reglas referentes a la hora de la comida.»

La hora de la comida significa cosas diferentes para cada familia, pero lo cierto es que la comida es importante para todo el mundo.

Comida y amor

La sensación de hambre de los recién nacidos es una de las primeras «punzadas» dolorosas que experimentan; de ahí que lloren continuamente. Pero cada vez, si son afortunados, alguien se encarga de que aquellas punzadas se desvanezcan dándoles de comer. Poco a poco, incluso los olores, la visualización y los sonidos de la persona que los alimenta se convierten en sensaciones reconfortantes. Saber en lo más profundo de nuestro ser que alguien va a darnos de comer cuando tenemos hambre despierta la confianza y el amor desde las primeras «tomas».

¿Por qué tan quisquillosos?

A medida que los niños van creciendo, la hora de la comida se puede convertir, en ocasiones, en un campo de batalla entre padres e hijos. Los pequeños dicen «no» a una infinidad de cosas en su lucha por ser ellos mismos. No nos están poniendo a prueba, sino que lo que en realidad nos están diciendo es: «Soy una persona independiente». En cualquier momento pueden decir «no» a lo que habían acordado el día anterior simplemente para experimentar qué se siente al decirlo. Por supuesto que sus negativas también pueden ser reacciones sinceras a los olores, colores y texturas desconocidas. Si hablas con otros padres, es probable que te des cuenta de que muchos niños son muy quisquillosos a la hora de comer, incluso se pueden mostrar maniáticos respecto a cómo está dispuesta la comida en el plato, ¡hasta el punto de no comer los guisantes si están en contacto con el puré de patatas! Aunque su reacción puede dar la impresión de que sólo se refiere a la comida, es posible que vaya mucho más allá. A medida que los preescolares van descubriendo más y más cosas acerca de su mundo, se esfuerzan por comprenderlo todo, y para ello lo clasifican por categorías. Pueden mostrarse tan rígidos con la comida que hay en el plato como con la necesidad de «poner todos los de color rojo en la caja roja».

Conocemos a un monitor de jardín de infancia que recuerda a los padres algo que tiene tanta importancia como la alimentación y el apetito: la conversación diaria durante las comidas, alrededor de la mesa... ¡con el televisor apagado y el contestador automático conectado!

A la hora de comer, los niños aprenden el arte de conversar, es decir, cómo esperar su turno, cuándo y cómo deben hablar, y cómo pueden expresar sus ideas en palabras, al tiempo que su vocabulario se amplía mientras aprenden nuevos términos y nuevas ideas de los demás miembros de la familia. Hacer saber a los niños hasta qué punto respetamos y prestamos atención a lo que tienen que decir es otra forma de decirles: «Te estoy cuidando». No es pues de extrañar que los maestros consideren esa conversión diaria durante las comidas como una de las mejores preparaciones para la escuela.

Los sentimientos de rechazo de los padres

Una de las primeras formas en las que los padres miden su éxito es por el modo de comer de sus hijos. Por instinto, solemos tener la sensación de que una de las «tareas» más importantes consiste en asegurarnos de que están sanos. Cuando alimentamos a nuestros hijos, es como si les estuviéramos diciendo: «Te estoy cuidando». De ahí que la mayoría de los padres inviertan muchísimo tiempo pensando en qué alimentos comprar y qué menús preparar. ¡Desde el principio nos empecinamos en la alimentación y el apetito!

Es muy natural que desees que a tus hijos les guste la comida que les preparas. Después de todo, les estás ofreciendo una parte de ti mismo. Has dedicado tiempo y energía comprando, preparando y sirviendo un menú. Un pequeño que se niega a comer puede despertar en los padres un sentimiento personal de rechazo más profundo que el simple rechazo de los guisantes o las zanahorias.

La hora de la comida es la hora de la familia

Hay muchísimas cosas por las que las familias pueden discutir durante la hora de la cena. Los adultos y los niños pueden tener días frenéticos y estar cansados por todas las tareas realizadas a lo largo del día. En momentos como éstos, es difícil ser paciente y comprensivo. Dado que la hora de las comidas tiene un significado tan profundo en relación con las relaciones, el amor, dar y recibir, merece la pena esforzarse al máximo para evitar que se conviertan en sesiones de tira y afloja o en campos de batalla.

Esto no quiere decir que los padres deban mostrarse tan permisivos que autoricen a sus hijos a comer mal, irregularmente o a no comer. ¡Ni mucho menos! Una parte de la paternidad cuidadosa y responsable consiste en ayudarlos a desarrollar unos hábitos saludables de alimentación. A menudo existe una amplia libertad de acción en la forma en la que podemos hacerlo.

Cómo tratar a los «comedores» quisquillosos

Algunos padres se preguntan si deberían preparar diferentes menús para sus hijos cuando se muestran reacios a comer ciertos alimentos. Al igual que ocurre con la mayoría de las cosas en la paternidad, no existen respuestas simples a esta pregunta, pero a menos que el niño esté enfermo y no pueda tolerar determinados alimentos, no parece tener demasiado sentido invertir el tiempo y la energía en preparar diferentes platos cada noche. Con todo, cada familia debe seleccionar lo mejor tanto para los padres como para los hijos. Es así como todos aprendemos el significado de compromiso.

La mayoría de los médicos dicen que los niños suelen comer lo suficiente cuando se les ofrecen alternativas saludables. Si te preocupan los hábitos alimenticios de tu hijo, consúltalo con tu pediatra.

Es muy probable que las preferencias del niño se vayan modificando con el tiempo. En efecto, a medida que van creciendo, los gustos suelen cambiar. Es posible que en la actualidad comas alimentos que detestabas de niño. No te preocupes, a tu hijo le sucederá lo mismo en los años venideros.

Consejos prácticos

Antes de la comida:

■ La hora de la comida se inicia antes de que la comida propiamente dicha esté en la mesa. Procura que tu hijo pueda ayudarte a prepararla, como por ejemplo, comprar contigo en el supermercado, elegir las verduras o la fruta, poner la mesa (servilletas, cucharas, tenedores, etc.) o poner el pan o los crackers en un plato. Ni que decir tiene que tardarás más tiempo si implicas a tu hijo en la tarea, pero si lo acostumbras, comprobarás que el niño se siente más interesado por la comida.

■ Ofrécele pequeños tentempiés o déjale que pruebe lo que estás cocinando. Si los niños no tienen apetito o si están muy enojados, la hora de la comida puede resultar mucho más complicada.

■ Anúnciale que la comida estará lista con cinco minutos de antelación. Es difícil dejar de jugar. De este modo, tendrá el tiempo necesario para terminar lo que está haciendo.

■ Al servir la comida, recuerda que los niños tienen el estómago pequeño. Así pues, dales de comer en pequeñas cantidades. Por otro lado, suelen comer mejor cuando no tienen mucha comida en el plato. Se sienten muy satisfechos cuando son capaces de comérselo todo.

Durante la comida:

■ Cuando rigen algunas reglas en la familia, los niños saben perfectamente lo que se espera de ellos. Veamos algunas de estas reglas:

Lavarse las manos antes de comer.
No comer hasta que todo el mundo esté sentado a la mesa.
Si no le gusta algún alimento del menú, deberá mostrarse tolerante.
Pedir permiso antes de levantarse de la mesa.
Juntar las manos y rezar una oración de acción de gracias antes de comer.

■ Muchas familias tienen reglas en relación con la degustación de nuevos alimentos. Sugiere a tu hijo que los pruebe con un pequeño bocado diciendo algo así como: «No tiene por qué gustarte, pero por lo menos pruébalo». A algunos niños les encanta experimentar con los nuevos sabores, mientras que a otros no. No los obligues; sólo conseguirás enfadarlos.

■ Organiza algunas comidas divertidas, tales como:

Una cena a base de sobras.
Que cada cual prepare su bocadillo, taco o pizza.
Cenar con alimentos propios del desayuno.

■ Algunas familias tienen la tradición de comer determinados alimentos ciertos días de la semana. Con tantos cambios como se producen en la vida cotidiana, puede ser útil que algunas cosas sean siempre las mismas.

Selección de juegos

«Me disgusté muchísimo cuando mi hijo de cuatro años empezó a jugar con armas. Cogía un juguete, apuntaba y corría por la casa diciendo: "¡Bang! ¡Bang! ¡Estás muerto!". Pero soy consciente de que los niños necesitan experimentar por sí mismos con toda clase de cosas durante el juego. Le he dicho lo que pienso de las armas reales, y desde luego, no voy a comprarle ningún juguete bélico. Si se construye sus propios juguetes de plástico o utiliza los dedos en forma de arma, por lo menos será porque él lo ha querido, no yo.»

El juego infantil depende de lo que piensen o de lo que estén haciendo en ese momento. Deberían jugar a interpretar diferentes roles, imaginar cómo es el mundo o profundizar en algunos de sus sentimientos o preocupaciones. También es posible que deseen jugar simplemente para divertirse.

Ésta es la razón por la que los mejores juguetes son los de final abierto: bloques de construcción o animales de peluche, coches, plastilina y otros suministros artísticos. Los niños pueden hacer con ellos cuanto se les antoje en un momento determinado, y su juego estará determinado por sus propias necesidades. Si la mayoría de los juguetes sólo se pueden utilizar de una forma específica, su juego estará limitado, pues deberán seguir al pie de la letra la «fórmula» predefinida por el fabricante.

Temas lúdicos

Aunque los niños juegan con una amplia variedad de cosas y las usan de formas diferentes, suelen tener algunos temas preferidos que repiten una y otra vez. En los años preescolares juegan principalmente a «ir y venir», «poder y control», «el bueno contra el malo», «alimentar y ser alimentados» y «persecución y rescate». Todos estos temas están relacionados con las cosas que acontecen en su vida diaria.

Cuando los niños juegan a ir y venir con los coches de juguete, pueden estar manifestando sus sentimientos cada vez que sus padres se marchan al trabajo o salen a cenar alguna noche. En su vida real, los niños son los únicos que se quedan atrás, preguntándose cuándo regresarán sus padres y si efectivamente lo harán. Al jugar, son ellos quienes controlan cuándo se van y vuelven los juguetes, confiando cada vez más en que las cosas –y también las personas– pueden y desean regresar.

Jugar con los coches de juguete también les puede ayudar a desarrollar su propio autocontrol. Si son capaces de mantener sus coches en una pista de bloques de construcción o cinta adhesiva, también pueden empezar a descubrir que tienen la capacidad de mantener algo más dentro de unos límites, como en el caso de sus impulsos agresivos. Cuando una casa está completamente desorganizada como consecuencia de una mudanza, el niño podría alinear todos sus coches formando una larga fila; en realidad, necesita establecer un poco de orden, por lo menos con los juguetes.

A menudo los niños utilizan muñecas o animales de peluche para saber qué se siente al ser una madre o un padre que cuida de sus hijos, prepara la comida y establece reglas. Asimismo, en ocasiones, también juegan a ser padres o madres que castigan a los niños. También es posible que de vez en cuando jueguen a ser bebés, succionando biberones de juguete. Esto les puede aliviar las tensiones derivadas de ser mayorcitos.

El juego y el poder

Uno de los principales temas lúdicos en los años preescolares consiste en jugar a tener poder, ¡incluso un superpoder! Los niños se dan cuenta de que los adultos controlan la mayoría de las cosas que suceden en la vida familiar: cuándo y qué se come, cuándo es

Estaba observando a un niño de cuatro años jugando con un avión, describiendo loopings y sucesivas caídas en picado. Luego se detuvo y miró la cabina del piloto, que estaba vacía. No consiguió encontrar ninguna figura de juguete lo bastante pequeña como para caber en el asiento del piloto, de manera que cogió un minicilindro de madera de un juego de construcciones y lo usó a modo de piloto. La creatividad y el desarrollo de las técnicas de resolución de problemas a través del juego con cosas muy simples ayuda a los niños a hacer frente a los desafíos de la vida, tanto ahora como en el futuro.

el momento de jugar, en qué consiste un comportamiento aceptable y cuándo es la hora de acostarse. Jugar al poder permite a los niños controlar la situación, al menor por el momento.

Una de las formas naturales de jugar a ser poderoso es fingiendo ser adulto. Con prendas de vestir (corbatas, faldas largas, sombreros, etc.) y enseres propios de los mayores (maletines, teléfonos de juguete, bolígrafos y blocs de notas, cuencos de cocina y cucharas) pueden intentar hacerse una idea de qué se siente siendo ese adulto que da la sensación de tener todo el poder.

Asimismo, los niños pueden sentirse poderosos cuando emplean sus juguetes para hacer que ocurran las cosas, como cuando construyen altos edificios con bloques de construcción y luego los abaten. O pueden disfrutar del poder de crear un mundo entero de cosas reales o imaginarias en un papel o con plastilina. Si bien es cierto que no tienen un excesivo control sobre las personas reales o las cosas reales que los rodean, pueden colocar a sus figuras de juguete en diferentes situaciones, «controlando» cómo actúan y cómo reaccionan.

Juguetes agresivos

Por desgracia, muchos juguetes se han diseñado con un mensaje simplista: la mejor manera de tener poder es con un arma en la mano. Los juguetes agresivos resultan muy atractivos para los niños, cuyas fantasías están repletas de un ávido deseo de poder y control. Una persona con un arma siempre dispara y da muerte a su rival.

Juguetes tales como revólveres, espadas y pistolas de agua transmiten a los niños el claro mensaje de que la mejor forma de solucionar un conflicto es eliminando a los «chicos malos» por medio de la fuerza. En una época de su vida en la que están desarrollando la capacidad de controlar sus propios impulsos violentos, intentar mantener en jaque su «chico malo» interior puede resultar muy satisfactorio si pueden asegurarse de que el «chico malo» en cuestión ha sido eliminado o se halla recluido en la cárcel en sus actividades lúdicas.

Como es lógico, los superhéroes son muy populares a esta edad. Jugar a derrotar enemigos es importante, pues contribuye a que los pequeños controlen mejor su agresividad natural. Pero en ocasiones, la simulación puede parecer demasiado real y aterradora.

Los padres deben poner fin al juego brutal cuando descubran que sus hijos están cada vez más asustados. Si la situación resulta excesivamente terrorífica, los niños deben ser capaces de confiar en sus padres para que los ayuden a comprender que los dientes del cocodrilo de juguete y el gruñido del monstruo no son reales.

Con frecuencia, los padres se desaniman cuando a una cierta edad se dan cuenta de que sus hijos transforman casi cualquier cosa en un «arma». El hecho de que los niños jueguen con armas simuladas no significa que cuando sean adultos vayan a usar armas de verdad. Los padres que se sientan incómodos con el juego bélico deberían hacer saber a sus hijos cuáles son sus sentimientos al respecto y en relación con cualquier cosa que implique que una persona infrinja un daño a otra.

Juegos electrónicos

En el mejor de los casos y sólo si se utilizan selectivamente, los juguetes electrónicos y los videojuegos pueden ayudar a los niños a aprender, resolver problemas y desarrollar la coordinación ojo-mano. Pero a menudo, tales juguetes y juegos llevan incorporadas un sinfín de fantasías limitadas y repetitivas.

Es muy diferente sujetar físicamente y manipular animales de granja tridimensionales, colocarlos en cualquier parte y fingir que comen, galopan o duermen, de manejar dibujos de dos dimensiones con un movimiento y unas opciones de movimiento limitados.

Dedicar mucho tiempo a los dispositivos lúdicos enlatados significa invertir menos tiempo en el rico tipo de juego que más necesitan desarrollar los niños: el juego de su propia invención, de su propia imaginación. Por consiguiente, es recomendable, para el bien de los hijos, que sus padres establezcan límites saludables a la práctica del juego «electrónico».

La función de los padres en la estimulación lúdica

Una forma de demostrar que valoramos el juego de nuestros hijos consiste en ofrecerles juguetes y tiempo libre para que puedan utilizarlos de mil maneras imaginativas y creativas. Los niños se dan cuenta de que cuidamos de su juego cuando les proporcionamos un espacio de tiempo tranquilo para que jueguen solos o con sus amigos, sin distracciones (televisión, radio, etc.).

Con una simple sugerencia de un padre, casi cualquier juguete puede ampliar su alcance a otro nivel de la imaginación del pequeño. Si tu hijo está jugando con figuras de acción, podrías facilitarle una caja vacía para que la convierta en una casa o un coche para las figuras, y si estás preocupado por toda la «lucha» que se produce entre los distintos personajes de juguete, podrías sugerirle que construyera un hospital o un hogar para los heridos, lo cual puede transformar el juego de «persecución» en un juego de «rescate», algo que mucha gente en nuestra sociedad desea estimular en la siguiente generación.

Con todo, por muy cuidadosos que sean los padres en relación con los juguetes que les ofrecen y las ideas que les sugieren, los niños seguirán pidiendo juguetes que podríamos considerar inapropiados. Puede ser útil recordar que el mero hecho de que un niño pida algo no quiere decir que realmente lo desee o necesite. Los niños se dejan seducir fácilmente por los anuncios televisivos y la presión de sus iguales, incluso en los años preescolares. Como padres, debemos ser sensatos y dejar que nuestros hijos sepan cuál es nuestra opinión acerca de este tipo de juguetes. De este modo, les estaremos comunicando algunos de los importantes valores de la familia a la que pertenecen.

El juego infantil es su trabajo, y cuanto más se estimule a los niños a que jueguen, mayores serán sus recursos para el aprendizaje y el crecimiento personal a lo largo de toda su vida.

Consejos prácticos

■ Los niños necesitan juguetes de final abierto, tales como bloques de construcción, suministros artísticos, coches y camiones en miniatura, peluches y muñecas, y pueden jugar con estos juguetes a tenor de lo que sea importante para ellos en cada momento.

■ Algunos de los mejores juguetes son muy económicos, ¡incluso gratuitos! Un cilindro de cartón del rollo de papel de cocina puede transformarse en un túnel para los coches, un telescopio o un sable. Incluso una gran caja vacía puede ofrecer a los niños innumerables horas de juego imaginativo (como un automóvil, avión o embarcación). Antes de tirar algo a la basura, considera si se puede reciclar como objeto lúdico. Pensar en los «desperdicios» diarios como juguetes incluso podría evocar de nuevo tu propia infancia, lo cual, en sí mismo, puede ser uno de los mayores regalos para tu hijo.

■ Los niños pequeños es más probable que jueguen a la simulación con juguetes que se asemejan a algo real, como en el caso de los teléfonos de juguete y los platos y cucharas de plástico. Dado que los niños más mayorcitos suelen tener una imaginación mucho más desarrollada, son capaces de convertir casi cualquier cosa en otra diferente: una cuerda se transforma en una manguera, una mano en el oído es un teléfono, o un golpecito en la palma de la mano es suficiente para simular que han pagado algo con dinero.

■ Muchos padres creen que si guardan los juguetes en contenedores transparentes, sus hijos podrán encontrar más fácilmente lo que buscan, y que cuando estén ordenando el cuarto, será más sencillo saber dónde va cada juguete.

■ En ocasiones, poner demasiados juguetes a la disposición de los niños puede resultar sobreestimulante e incluso restringir su capacidad lúdica. Para fomentar el juego emocionante e interesante, procura establecer una rotación de juguetes, almacenando periódicamente algunos de ellos durante un cierto período de tiempo y ofreciéndoselos de nuevo a cambio de otros.

■ A veces, otros niños pueden jugar con cosas tales como monstruos o «chicos malos» y asustar a tu hijo porque todo parece demasiado real. Hazle saber que está bien decir: «Basta. No quiero jugar a esto».

■ Antes de ir a unos almacenes, dile a tu hijo con la suficiente antelación lo que tienes previsto comprar. Así comprenderá que sólo comprarás eso y nada más. Luego, decir «no» puede resultar más fácil para ti y también más fácil de aceptar para el niño.

Reglas y límites cotidianos

«Cuando anunciaba un castigo, como por ejemplo tres noches sin televisión, al rato mi hijo se "olvidaba" o intentaba verla con su hermano. En ocasiones, yo misma me olvidaba completamente del castigo. Alguien me sugirió escribir una nota y colocarla en el frigorífico, y realmente dio resultado. Aunque el niño era demasiado pequeño para leer, bastaba con señalar la nota para que lo comprendiera. Asimismo, la nota me ayudó a recordar las cosas.»

Los niños no nacen con autodisciplina. Desde un buen principio necesitan que sus padres los alimenten y los mantengan sanos y seguros hasta que sean capaces de arreglárselas por sí solos. Del mismo modo, los padres deben proporcionarles la disciplina necesaria hasta que aprendan a autodisciplinarse.

La importancia de establecer límites

Cuando los niños son pequeños requieren una infinidad de límites, muchos de los cuales están relacionados con su salud y seguridad: qué se puede tocar y qué no, qué es bueno para comer y qué no, dónde es seguro jugar y dónde no. Pero también establecemos otros límites que les ayudan a vivir cómodamente entre sus semejantes, como por ejemplo, qué pueden decir a quién, qué pueden hacer y dónde.

Si bien es cierto que los niños pueden actuar como deseen para mantener el control, lo que en realidad necesitan y quieren es que los adultos estén a cargo de todo. Para un niño puede ser terrorífico carecer de límites. Se vuelven ansiosos y ponen a prueba sus posibilidades, sobre todo cuando los padres «ceden» con facilidad o no están seguros de hasta qué punto deben mostrarse firmes.

Los niños necesitan límites no sólo para estar seguros ante los peligros del mundo exterior, sino también para desarrollar su mundo interior de sentimientos. Puede ser horrible cuando no estás seguro de tu capacidad de hacer frente a tus sentimientos por ti mismo. Les preocupa hacer daño a las personas que quieren. Los niños necesitan confiar en que sus adultos les establecerán límites, como por ejemplo, «no pegar». Necesitan ser capaces de confiar en nosotros para ayudarlos a permanecer bajo control, a saber que todos sus sentimientos son positivos y a contribuir a que encuentren for-

Una madre me contó que una vez discutió con su hija y la mandó a su cuarto para que se tranquilizara y reflexionara sobre lo que había hecho. La niña deslizó una nota por debajo de la puerta. Con su letra de garabato había escrito: «¡Te odio mamá». Un poco más tarde, la pequeña se serenó y salió de su habitación. Al ver la nota, le dio la vuelta y escribió: «Te quiero mamá», y luego añadió otra línea: «Nunca te odiaré tanto como te quiero». ¡Qué importante mensaje tanto para la madre como para la hija! Aunque a veces se disgustaran y riñeran por una regla, el amor entre ambas siempre sería extraordinario.

mas constructivas de expresar todos sus sentimientos.

Poniendo a prueba las reglas

Aunque los niños puedan poner a prueba los límites paternos, en realidad se sienten más seguros cuando la gente que los quiere les dice lo que tienen que hacer y lo que no. Desafiar los límites constituye el auténtico «trabajo» que realizan los niños para aprender hasta qué punto los adultos se toman las reglas con seriedad.

Algunos pequeños más que otros parecen poner a prueba tanto las reglas como a los propios adultos. A menudo, su actitud desafiante es una señal de que están luchando con la necesidad de reafirmar su independencia. En este sentido, puede resul-

tar muy útil proporcionarles algunas alternativas, siempre, claro está, que sea razonable hacerlo, así como reglas claras y coherentes. Cuando los niños descubren que tienen poder sobre determinadas cosas, es posible que dejen de luchar con tanto ahínco por el control de otras. Si tienen la oportunidad de elegir qué pijamas ponerse, qué animalito de peluche llevarse a la cama y qué libros debemos leerles, puede ser más fácil para ellos aceptar la decisión de sus padres cuando se inicia la rutina de acostarse.

No hay mayor motivación para un niño que el deseo de ser amado. Los pequeños aprenden a comportarse de mil y una formas que satisfacen a los padres, en lugar de causarles disgusto. Su amor constante hacia nosotros los ayuda a aceptar nuestra disciplina equilibrada, lo cual, a su vez, contribuye a desarrollar su propia disciplina interna.

Rutinas y reglas que ayudan a los padres

La mayoría de los padres llegan a la conclusión que la manera más eficaz de abordar las reglas y los límites consiste en dar coherencia a la vida familiar. ¡Pero desde luego, esto es mucho más fácil de decir que de hacer!

Puede constituir un enorme desafío establecer una cierta regularidad cuando cada día parece generar nuevas exigencias. Por verdadera necesidad, muchas familias han tenido que adoptar una actitud en cierto modo casual acerca de las rutinas. No obstante, cuando los niños y los padres no pueden apoyarse en una sólida estructura en la vida cotidiana, resulta más difícil saber cuándo deben ceder y cuándo tienen que mantenerse firmes.

Por otro lado, aún es más difícil hoy en día para innumerables padres adivinar cuáles son las reglas realmente importantes. Décadas atrás, la frontera entre lo aceptable y lo inaceptable era muchísimo más clara. Asimismo, es posible que una parte de nuestra ambivalencia en relación con la necesidad de ceñirse a las reglas proceda de nuestro propio miedo ancestral a perder el amor de nuestros padres. Tal vez tengamos miedo de perder a nuestros hijos cuando no dejamos que actúen a su manera. Aun así, establecer límites a su comportamiento mientras los necesitan constituye un valiosísimo don que bien podría convertirse en una de las mayores satisfacciones de la paternidad.

Con las estrictas exigencias de la vida diaria, los padres se preocupan a menudo de no tener demasiado tiempo para estar con sus hijos y no quieren dedicar ni un solo segundo del que disponen a discutir sobre las reglas familiares. Puede parecer más sencillo ceder para que reine la paz en el ambiente y todo resulte más satisfactorio, pero lo cierto es que ésta es una solución a corto plazo. Si eres capaz de mantenerte firme en tus decisiones y pensar a largo plazo, te darás cuenta de que es preferible dar al niño una nueva oportunidad de saber que

te tomas seriamente las reglas y de descubrir que la discusión no volverá a repetirse.

Es difícil mantener la calma

Las luchas de poder pueden resultar extremadamente frustrantes para los padres. ¡¿Cómo es posible que esos adultos capaces de controlar otras tantas cosas no puedan evitar que un niño de tres años arroje la comida al suelo o conseguir que uno de cuatro años hable respetuosamente?! Es muy fácil que la impotencia se convierta en enojo, y cuando se actúa movido por el enojo en lugar de hacerlo sobre la base de las necesidades de los hijos, cabe la posibilidad de que los padres digan y hagan cosas de las que más tarde se arrepientan. En ocasiones, «contar hasta diez» y tomarse las situaciones con sentido del humor da excelentes resultados.

A decir verdad, es muy extraño encontrar a un padre que no haya perdido la calma con su hijo alguna que otra vez. Los niños pequeños pueden aprender muchísimas cosas de nosotros cuando, después del acaloramiento del momento, nos disculpamos por nuestra actitud inapropiada. Constituye un signo de buena disciplina, tanto para nosotros como para nuestros hijos, ser capaz de decir: «Siento haberme enfadado; no debía haberte chillado», dejando bien claro, a su vez, cuál fue el comportamiento incorrecto del niño.

REGLAS PARA LAS COMIDAS

Siéntate en tu silla

Mástica con la boca cerrada

Pide permiso para levantarte de la mesa

Una relación de enseñanza-aprendizaje

Como sugiere el propio término «discípulo» del que deriva, la disciplina consiste en una especie de relación de enseñanza-aprendizaje que depende más de la intimidad y la confianza que de la autoridad. Disciplinar incluye el confort, el cuidado y la alimentación. También incluye el orgullo o la satisfacción por los logros, así como los ejemplos, de los que tanto aprenden los pequeños. Cuando nos ven colgar nuestras prendas de vestir, tomar una ducha antes de relajarnos al término de la jornada o expresar nuestro enojo mediante palabras y fórmulas no destructivas, nuestros hijos aprenden a través de nuestro ejemplo.

Y lo que es más importante, los padres deben intentar encontrar la seguridad necesaria en sí mismos para aceptar el hecho de que tanto ellos como sus hijos no siempre estarán de acuerdo con las acciones mutuas. Habrá veces en las que no sean capaces de ser «amigos», y otras en las que se desencadene la cólera en el entorno familiar. Conviene recordar que nuestro amor constante hacia nuestros hijos es lo que nos hace desear ayudarlos a convertirse en adultos más responsables.

Consejos prácticos

Establecer reglas:

■ Elige unas cuantas reglas que consideres fundamentales. Los niños tienden a saber mejor lo que se espera de ellos cuando les damos reglas sencillas y claras, tales como: «Cógete de la mano de un adulto al cruzar la calle», «No pegues a tu hermanita», «No insultes» y «Pregunta antes de coger algo».

■ Intenta proporcionar una cierta estructura a la vida cotidiana. «La hora de acostarse es a las ocho» resulta mucho más claro que meterlo en la cama cuando el niño parece cansado o «un ratito después de que papá llegue a casa».

■ Es más probable que los niños acepten una regla cuando se les da una buena razón para hacerlo, aun en el caso de que no les guste dicha razón o de que no la comprendan en su totalidad. Podrías decir algo así como: «Aquí no puedes correr. Quiero que no te lastimes» o «Nada de pegar. En nuestra familia nadie hace daño a otra persona» o incluso «Debes estar sentado en la silla infantil cuando vamos en coche. Así lo dice la ley».

■ Cuando hables acerca de una regla, deja bien claro cuáles serán las consecuencias si la infringe. Algunas familias establecen consecuencias tales como: «Si pegas, te irás a tu cuarto» o «Si arrojas un juguete, te lo quitaré».

■ Haz saber a tu hijo que a los niños no tiene por qué gustarles las reglas, pero que aun así deben cumplirlas. Cuando saben que te preocupas por sus sentimientos, suelen adoptar una actitud mucho menos combativa en relación con las reglas.

■ Si es posible, ofrece alternativas. Los niños ponen a prueba los límites a causa de su propia necesidad de independencia. Cuando se les permite tomar algunas decisiones, es más probable que acepten las que adoptan sus padres.

■ Si introduces a tu hijo en una situación nueva o en una que consideres que puede ser difícil de abordar, dile lo que debe esperar de tal situación y lo que esperas tú de él.

■ Felicita siempre al niño cuando sigue las reglas. De este modo, se dará cuenta de lo importante que es esa regla para ti. Al felicitarle, estás fortaleciendo los cimientos de la autodisciplina.

Cuando los niños infringen las reglas:

■ Cuando tu hijo parece estar dispuesto a infringir una regla, agáchate, ponte al nivel de sus ojos y háblale. Pídele que repita la regla después de hacerlo tú. No le chilles. El pequeño es más probable que escuche atentamente lo que dices si empleas una voz firme pero cariñosa.

■ Si se ha portado mal, procura que la consecuencia sea inmediata. Los niños pequeños no son capaces de retener las cosas en la memoria durante mucho tiempo, y si le dices: «¡Espera a que lleguemos a casa!», es posible que no comprenda la conexión entre lo que hizo y la consecuencia.

■ Si estás en público y tu hijo no sigue una regla que habías establecido (por ejemplo, montarse en el carrito de la compra en el supermercado), llévalo fuera del local con firmeza pero con amabilidad, aunque te veas obligado a dejar atrás lo que querías comprar. El pequeño comprenderá gracias al carácter inflexible de tus acciones en qué medida te tomas en serio la regla en cuestión.

■ Cuando el niño empieza a pegar a alguien o le arroja algo, pero de pronto duda y se contiene, es importante decir: «Estoy muy orgulloso de ti. Sé que habías perdido el control, pero encontraste la manera de frenar tus instintos». Cuando los niños están enfadados, se necesita una buena dosis de autocontrol para dejar de pegar o de arrojar una piedra, por ejemplo. Cada vez que tengas la ocasión de aplaudirle durante un instante de control, estarás fortaleciendo su capacidad de contenerse cuando esté a punto de hacer algo que sabe que está mal.

■ Distingue claramente entre el comportamiento y el niño. Es muy fácil decir: «Eres un niño malo», pero en realidad, esto no es lo que queremos que comprenda. ¡Es el comportamiento el que estuvo mal, no el niño! Los pequeños deben aprender a sentirse a gusto consigo mismos, y la autodisciplina contribuye en gran medida al desarrollo de este sentimiento.

■ Si no disciplinas a tu hijo cuando infringe una regla, puede pensar que no te importa demasiado y seguir infringiéndola para ver cómo reacciona. Si en alguna ocasión deseas ceder, hazle saber que estás cambiando la regla, pero sólo por esta vez.

La televisión y los niños

«Cuando considero que mi hija ha visto suficiente televisión o vídeos, le digo que voy a prepararle uno de sus tentempiés favoritos y que me gustaría que me ayudara. Hago un poco de ruido sacando los cuencos, abriendo y cerrando armarios, etc., y ella no tarda en apagar el televisor y reunirse conmigo en la cocina. Quiero que comprenda que es más divertido hacer algo con otras personas que ver sola la televisión.»

La televisión puede resultar muy confusa para los niños pequeños. Los preescolares aún están intentando comprender cómo funciona el mundo, es decir, a distinguir lo que es real de lo que no lo es. Debido a sus efectos especiales, animación y sofisticada edición, la televisión distorsiona la línea que separa la fantasía de la realidad. De ahí que sea muy difícil para los niños, sin la presencia de un adulto a su lado (o uno en la pantalla), explicar cuál es la diferencia entre lo real y lo irreal.

¿Una ventana abierta al mundo?

Lo que piensan los niños del televisor que hay en su casa es muy parecido a lo que piensan de otras cosas que les proporcionan sus padres, tales como alimentos, mobiliario y prendas de vestir, las cuales expresan por sí mismas los valores de los padres. En efecto, todo lo que el niño ve en casa tiene un significado muy concreto: está aceptado por papá y mamá, y en consecuencia refleja sus valores.

Aunque a algunos niños no les gusta demasiado ver la televisión, son muchos los que parecen estar hipnotizados y se «tragan» cuanto ven y oyen. Ver la televisión constituye una intensa experiencia para ellos, al igual que un bebé mira el rostro de su madre cuando lo está alimentando. Es posible que la televisión tenga sus raíces en esta temprana experiencia nutritiva. Incluso los niños más mayorcitos se acurrucan a menudo en un rincón del sofá y se chupan los dedos o comen galletas o golosinas mientras ven la televisión.

La mayoría de los programas no son apropiados para los niños pequeños. De ahí que sea importante que los padres los seleccionen cuidadosamente y no se limiten a dejar el televisor conectado todo el tiempo. Muchos niños se asustan a causa de algo que han visto en la televisión, y pueden tardar muchísimo en superar el recuerdo de aquellas criaturas de aspecto terrorífico, ¡temiendo que «salgan de la pantalla»!

Violencia en la televisión

El período en el que los niños aprender a contener su propia agresividad y empiezan a desarrollar un cierto autocontrol constituye un hito esencial en su vida, y si pasan hora tras hora contemplando un mundo en el que la gente pierde el autocontrol de un modo rutinario, lo que en realidad están aprendiendo es que el ser humano es violento por naturaleza. Aun cuando los niños estén viendo un programa con un mensaje como «el delito es un acto reprochable», es muy probable que acaben olvidando esa idea principal ante la violencia que se desencadena en la pantalla.

Los padres necesitan elegir con cuidado los programas televisivos

Hay tantos canales de televisión, programas infantiles y vídeos que en la actualidad resulta más difícil que nunca para los padres saber qué programas son los adecuados y cuánto tiempo deben estar sentados los niños frente al televisor. Reflexionar acerca de la duración de las sesiones televisivas es similar a asegurarse de que nuestros hijos tienen una dieta equilibrada. La mejor programación de televisión puede constituir una parte muy «nutritiva» de una «dieta» completa que incluye un rato con los padres y con otros niños, un rato para el juego acti-

«*¡Míster Rogers! ¿Cómo se las ha ingeniado para salir del televisor?*»

Esto es lo que me preguntó un pequeñín al cruzarse conmigo en la calle. Le dije que era una persona real y que vivía en una casa real con mi familia, no en la televisión. El niño asintió durante toda mi explicación y luego preguntó: «Pero entonces, ¿cómo consigue regresar al televisor?».

Los niños tienen tantas confusiones en relación con la televisión que nunca se puede dar por sentado que realmente comprenden lo que están viendo. Nuestras conversaciones con ellos acerca de la televisión les da la oportunidad de saber que sus preguntas son importantes y que nos preocupamos de sus dudas, lo cual les transmite el claro mensaje de que nos sentimos orgullosos de ellos por el trabajo tan significativo que están realizando al intentar descubrir el sentido del mundo.

vo, un rato para el juego tranquilo y, por supuesto, mucho tiempo para dormir.

En el mejor de los casos, la televisión puede ayudar a los niños a sentirse a gusto con lo que son y con lo que pueden llegar a ser. Puede estimular su curiosidad, exponerlos a las artes y enseñarles cómo se comportan de mil formas naturalmente sanas tanto las personas como los animales. Asimismo, la televisión puede proporcionar a los niños y adultos un modo de «relajarse» después de un día agitado.

Muchos padres nos han comentado que

eligen nuestro programa *Neighborhood* para sus hijos porque creen que lo que les ofrecemos refuerza las cosas que valoran en sus familias, cosas tales como la amabilidad, el aprecio, la curiosidad, la ayuda, el respeto hacia los demás, la resolución positiva de problemas, el autocontrol y formas constructivas de expresar los sentimientos. Nuestro *Neighborhood* transcurre con un ritmo deliberadamente lento con el fin de que los pequeños dispongan del tiempo necesario para digerir y reflexionar acerca de lo que ven y oyen.

La mayoría de los padres intentan poner el máximo cuidado para que sus hijos no vean ningún programa que resulte inapropiado para ellos. Pero lo cierto es que por mucho que controlemos lo que ven los niños, es imposible aislarlos por completo.

Una de las formas más constructivas con las que los padres pueden abordar la televisión consiste en ayudar a sus hijos a convertirse en espectadores críticos, animándolos a que formulen preguntas y preguntándoles acerca de lo que están viendo y oyendo. Incluso podrías preguntarles qué creen que es real o fingido. De este modo, puedes ayudarlos a convertirse en pensadores activos en lugar de televidentes que se tragan pasivamente cuanto se emite.

Establecer un diálogo

Puede ser especialmente importante para los padres hablar de los dibujos animados, que en ocasiones pueden resultar difíciles de entender. Un personaje de animación puede ser capaz de atravesar una pared o ser literalmente aplastado por una apisonadora y levantarse de inmediato como si tal cosa. Aunque es difícil para los niños comprender que la animación no es sino una serie de ilustraciones o dibujos de ordenador. Necesitan saber que lo que sucede en los dibujos animados no pertenece a la vida real.

También podemos ayudar a los niños a descubrir qué sentido tiene la publicidad. Para un niño, un «anuncio» no difiere demasiado de un programa; simplemente es más corto, probablemente transcurre a un ritmo más rápido y está acompañado de música. Los pequeños deben aprender que la finalidad de un anuncio es conseguir que la gente quiera comprar algo. Tal vez desees explicar a tu hijo que a pesar de los mensajes contenidos en los spots publicitarios, son los «seres humanos» los que tienen una verdadera importancia en este mundo, no los juguetes, las prendas de vestir o cualquier otra posesión.

Siempre que los niños tengan a su lado a un adulto cuidadoso y dispuesto a ayudarlo, empezará a comprender muchísimas cosas en la vida, incluyendo los mensajes entremezclados de la televisión. Hablar de lo que han visto, así como apagando el televisor cuando considers que la programación es inadecuada para tu hijo, constituye la mejor manera de conseguir que la violencia o las escenas aterradoras que aparecen en la televisión no resulten abrumadoras.

Lo que los niños reciban de sus padres siempre será más relevante que lo que les ofrece la televisión. Los niños que se sienten amados son los que, sin duda alguna, tendrán más probabilidades de convertirse en adultos transmisores de amor y no violentos. Dedicar el tiempo necesario a ayudar a nuestros hijos a que comprendan por sí mismos lo que ven en la televisión y cuál es su lugar en el mundo constituye otra forma de demostrarles nuestro amor, otro modo de hacerles saber que están protegidos, que son únicos y valiosos.

Consejos prácticos

■ Elige con cuidado los programas que creas que resultan adecuados para tu hijo. Es aconsejable ver por lo menos un episodio de cada serie con el niño para hacerte una idea de cómo reacciona ante el programa, cómo y quiénes son los personajes y de qué trata la historia.

■ Deja bien claro que ciertos programas o canales están fuera de límites. Asegúrate de que los cuidadores y canguros de tus hijos sepan qué programas o canales no quieres que vean tus hijos. Incluso puedes comentarlo a los padres de los compañeros de juego de los niños.

■ Algunas familias establecen reglas tales como «Nada de televisión cuando venga tu amiguito» o «Nada de televisión después de cenar». Dichas reglas ayudan a los niños a saber lo que es importante en el núcleo familiar, lo cual puede eliminar un sinfín de conflictos acerca de si se puede o no se puede ver la televisión. Saber que el televisor estará apagado cuando venga un amigo a jugar o antes de acostarse también transmite el mensaje de que valoras el juego.

■ Cuando se termine un programa, apaga el televisor. Incluso como sonido de fondo resulta extremadamente estimulante, distrae e interfiere con el tiempo de relax que necesitan los niños para pensar, jugar y usar su imaginación.

■ Siempre que sea posible, mira la televisión con tu hijo. Estar a su lado te dará la oportunidad de ver cómo reacciona, además de poder explicarle lo que no comprenda y reforzar cualquier mensaje positivo.

■ Procura que tu hijo sepa que está bien apagar el televisor si algo le asusta. En realidad, ser capaz de hacerlo es un signo de que el niño está creciendo. ¡Hace falta valor para apagar la tele cuando el programa es terrorífico!

■ Anima a tu hijo a ampliar lo que ha visto en un programa realizando una actividad relacionada con el mismo o inventando historias acerca de sus personajes. El mejor «uso» de la televisión se produce cuando finaliza el programa, se apaga el televisor y la familia aprovecha lo que han visto de mil y una formas diferentes.

Discapacidades

«Al principio, nuestro hijo estaba muy excitado; le habían invitado a jugar a casa de un amigo. Pero algunos días después de la invitación, se negó a ir. Me dijo que tenía miedo del hermano mayor de su amiguito, que padecía un cierto tipo de discapacidad. El niño dijo: "No puede andar y hace unos ruidos horribles". Decidí llamar por teléfono a la madre del chico y la verdad es que me ayudó muchísimo. Nos habló de la discapacidad de su hijo y respondió a algunas de nuestras preguntas. Me sentí aliviada y nuestro hijo, después de una breve conversación, también pareció sentirse mejor ante la idea de reunirse con su amigo.»

Ayudar a nuestros hijos a sentirse cómodos con quienes sufren minusvalías empieza por ayudarlos a sentirse cómodos con su propia singularidad. Si les demostramos que los queremos por lo que son, independientemente de lo que puedan o no puedan hacer, es más probable que de adultos acepten a los demás tal y como son.

Igual y diferente

Los preescolares empiezan a descubrir las diferencias a medida que amplían sus intereses por sus semejantes fuera del círculo familiar. Intentan encontrar el sentido del mundo organizando las cosas por categorías. De ahí que con frecuencia les fascinen los juegos de emparejamientos y clasificación, es decir, los que tratan de lo que es igual y lo que es diferente.

Asimismo, también suelen clasificar a las personas por categorías. En su intento por comprender el mundo, sus primeras categorías pueden resultar algo rígidas: viejo y joven, de piel blanca y de piel negra, niñas y niños, bueno y malo.

Ésta es la razón por la que a menudo desean hacerse amigos de quienes se parecen a ellos y se sienten incómodos con niños cuyo aspecto y lenguaje difieren de los suyos. Por otro lado, un niño puede tener la sensación de que los adultos también se sienten incómodos cuando dicen algo así como «No mires» o cuando apresuran el paso al cruzarse con alguien de aspecto diferente.

«¿Me puede suceder a mí?»

Algunas diferencias pueden resultar particularmente molestas. Teniendo en cuenta que los niños pequeños no saben demasiado acerca de la causa y el efecto, pueden abrigar un sinfín de falsos conceptos en relación con su propio cuerpo. En efecto, pueden pensar que, dado que la pata de un animal de peluche se puede arrancar, tal vez su pierna también podría desprenderse. En ocasiones, incluso se pueden preguntar si existe la posibilidad de «contagiarse» de una discapacidad tocando a alguien que la sufre o incluso sentándose en una silla de ruedas. También es posible que se sientan especialmente temerosos ante los niños mayores y los adultos que no pueden andar. Tras haber dedicado tanto esfuerzo a aprender a caminar, les podría preocupar la posibilidad de «olvidarse» de cómo hacerlo.

En este momento de su vida, los pequeños se concentran básicamente en lo que es «bueno» y lo que es «malo». Quizá se pregunten si una minusvalía es una consecuencia de un castigo por haber hecho algo «malo», si una persona queda ciega por haber visto algo «malo», o sordo por haber oído algo «malo». Y por supuesto, los niños de corta edad podrían tener miedo de que algo similar pudiera ocurrirles mientras se esfuerzan por controlar sus propios impulsos negativos («¡malos!»).

Si estos tipos de preocupaciones no se exteriorizan, los niños pueden caer fácilmente en la torpeza, la incomodidad, la tensión e incluso el miedo. Pero cuando los animamos a hablar de todo lo que no comprenden, con frecuencia descubrimos que adoptan una actitud más empática y de aceptación. Preguntar y hablar abiertamente de las diferencias ayu-

Cuando Chrissie Thompson vino por primera vez a trabajar en nuestro programa de televisión como la nieta de ocho años del señor y la señora McFeely, descubrí, no sin sorpresa, que me resultaba difícil tratar con ella, quitando importancia o negando su minusvalía física. Padecía espina bífida, lo cual le provocaba una cierta parálisis de las extremidades inferiores.

Con la ayuda de su familia y de otros compañeros que se hallaban en el estudio aquel día, y con la de la mismísima Chrissie, que me aceptaba tal y como era, finalmente me di cuenta de que una de las mejores cosas que podía hacer al encontrarme con alguien que sufre una discapacidad física evidente es reconocer dicha minusvalía desde el principio de nuestra relación. Procuro no demorarme demasiado en formular preguntas tales como «¿Eres ciego de nacimiento o te quedaste ciego más tarde?» o «¿Siempre has utilizado una silla de ruedas?». Esto parece eliminar los obstáculos y abrir el camino hacia la aceptación mutua en su sentido más amplio.

da a los niños a superar los temores, hasta el punto de sentirse más a gusto en compañía de un discapacitado. Si bien es cierto que cada uno de nosotros es único, también lo es que los seres humanos son mucho más similares que diferentes. Éste puede ser el mensaje más esencial de todos, pues contribuye a que los pequeños evolucionen para convertirse en adultos compasivos y cuidadosos.

Las actitudes no se enseñan, sino que se aprenden

Los niños siguen el ejemplo de los adultos a los que aman. Un viejo proverbio cuáquero dice: «Las actitudes no se enseñan, sino que se aprenden». Ayudamos a nuestros hijos a respetar a los demás de mil formas sutiles: de qué forma los adultos saludan a los demás, cómo hablan con ellos y qué comentan con posterioridad a la conversación.

Debido a las falsas interpretaciones y miedos que tienen los niños pequeños respecto a las discapacidades, los padres deben animarlos a formular preguntas, aunque también deben saber escuchar. Si tu hijo tiene algo que preguntar acerca de una minusvalía y no eres capaz de responder, puedes decir: «No lo sé, pero intentaré averiguarlo». En tal caso, podrías preguntárselo a alguna persona que padeciera dicha discapacidad.

A la mayoría de la gente le satisface saber que alguien se interesa por ellos. Los padres sensibles pueden ayudar a sus hijos a aprender dónde, cuándo y cómo es apropiado formular sus preguntas. Es probable que se sientan mucho más cómodos hablando de estas cosas con alguien a quien conocen bien, como por ejemplo un miembro de la familia de edad avanzada o un vecino.

Ni que decir tiene que a los niños no tienen por qué gustarles todo el mundo. A nadie le ocurre. Pero con la ayuda de los adultos, pueden aprender a mostrarse respetuosos, corteses y amables. A medida que van creciendo, comprenden que si se toman el tiempo necesario para conocer a alguien, descubrirán mucho más de esa persona de lo que al principio habían imaginado.

Consejos útiles

■ Cuando hables con un discapacitado, procura referirte también a sus capacidades.

■ Si ves a un discapacitado que podría necesitar ayuda, es una buena idea preguntarle si realmente desea que le ayudes. Puedes comentar a tu hijo que en ocasiones agradecemos la ayuda ajena, mientras que en otras preferimos hacer las cosas por nuestros propios medios.

■ Destaca la importancia de aquellas cosas que hacen más fácil la vida de los discapacitados, como por ejemplo las rampas para las sillas de ruedas, los signos Braille en los ascensores y los ordenadores especiales para quienes tienen dificultades de habla.

■ Cuéntale a tu hijo cómo aprendiste a apreciar a alguien que al principio parecía diferente. Los niños necesitan saber que a menudo lleva tiempo conocer a alguien y sentirse cómodo en su compañía.

■ Pide a tu hijo que hable de cómo se sentiría si formara parte de un grupo que lo ignora o discrimina. Conversar acerca de estos sentimientos puede ayudarle a desarrollar empatía hacia los discapacitados.

■ Cuando vayáis a una biblioteca o librería, busca libros que traten el tema de la diversidad. Existen muchos relatos sobre las formas en las que los seres humanos son diferentes los unos de los otros. Estarás ayudando a tu hijo a aprender que la diversidad constituye una parte integral de la riqueza e interés de este mundo.

■ Habla con tus hijos de las cosas que son capaces e incapaces de hacer. Todo los seres humanos tienen capacidades e incapacidades.

Miedos

«Cuando salíamos de paseo, mi hijo siempre se asustaba de los ladridos del perro de nuestros vecinos, a pesar de que había una verja que le impedía salir. Mi respuestas instintiva era decirle: "No te preocupes. Está encerrado". Estaba convencida de que le ayudaría si le demostraba que era imposible que saltara la verja. Pero lo cierto es que no fue así. Por fin me di cuenta de que su miedo no era racional, de manera que ahora le sugiero cruzar la calle y le digo algo así como: "Ya sé que a veces te asusta ese perro. Cógete fuerte de mi mano".

Los años preescolares son una etapa de sentimientos intensos, aunque la mayoría de los niños no son capaces de utilizar bien las palabras para expresarlos. Pueden asustarlos muchas cosas, tanto reales como imaginarias, y al igual que nosotros, viven sus «dramas interiores» que matizan todo cuanto ven y cuanto oyen. Así pues, es natural que no todos los niños desarrollen los mismos miedos y que algunos de ellos se muestren más temerosos que otros.

¿De dónde proceden los miedos infantiles?

Los niños suelen asustarse principalmente de las cosas que «hacen» lo que ellos están intentando «no hacer». Por ejemplo, cuando intentan controlar el impulso de morder, pueden tener mucho miedo de todo lo que representa la acción de morder, como los perros que ladran, los cocodrilos de juguete con grandes dientes, e incluso las tenazas, cascanueces o los grabados de animales salvajes en un libro.

Estos miedos también podrían surgir como resultado de la lucha que mantienen con sus propios sentimientos de enojo hacia sus padres por el hecho de haber establecido reglas y límites, prestando una mayor atención a un recién nacido que a ellos o negándoles algo que desean. Los niños pueden tener miedo de enfadarse demasiado con sus padres por si su enojo se pudiera traducir en la pérdida del amor de sus progenitores, lo cual resultaría devastador, y en ocasiones proyectan aquellos sentimientos de cólera en algo externo (perro, tigre, aspiradora, etc.), temiendo, más tarde, que esa cosa muy «enfadada» pueda destruirlos. La mayoría de los miedos de este tipo suelen desvanecerse con el tiempo, en especial cuando los pequeños descubren que un padre puede mostrarse cariñoso unas veces y otras estar enojado, y que ellos mismos pueden mostrarse cariñosos y experimentar sentimientos de enojo hacia sus padres dependiendo del momento.

Los años mágicos

Asimismo, los años preescolares también son mágicos. Es cuando los niños creen que las cosas ocurren por arte de magia, por el mero hecho de desearlas o de simularlas. Todavía no comprenden cuál es la diferencia entre lo que es real y lo que no lo es. Los monstruos, fantasmas y pesadillas pueden parecerles muy reales, al igual que unos dibujos animados terroríficos o los personajes de animación que aparecen en las películas, en los videojuegos o la televisión.

Dado que los niños no comprenden cómo funcionan las máquinas en comparación con el funcionamiento de su cuerpo, podrían pensar que los objetos, tales como las aspiradoras, las segadoras de césped, etc., tienen vida propia y que tal vez serían capaces de zampárselo todo, ¡incluso a los niños! Asimismo, les podría preocupar que «Si el brazo de mi muñeca se desprende, ¡quizá le pueda suceder lo mismo al mío». Incluso cuando una madre tiene un aspecto diferente debido a un nuevo estilo de peinado o a unas gafas distintas, el niño podría asustarse por el hecho de constatar que «mamá se ha convertido en otra persona». En realidad, a veces los niños pequeños se preguntan si poniéndose una máscara o un vestido se podrían convertir en alguien diferente.

Una madre nos escribió para contarnos cómo su hijo se las había ingeniado para superar el miedo a los monstruos en sus pesadillas. «Al día siguiente de haber tenido un mal sueño le dije que describiera el rostro del aterrador monstruo y que luego lo dibujara en una máscara de papel. A continuación me persiguió por toda la casa mientras nos reíamos y nos lo tomábamos a broma. Al finalizar el juego rasgamos la máscara y la tiramos a la basura. Le dije que el sueño sólo era fruto de su imaginación y que no era más que una simulación, al igual que la máscara de papel. Después de unos cuantos juegos como aquél, sus pesadillas desaparecieron. Me sentí aliviada... ¡y él también!»

Una de las formas más importantes de abordar este tipo de miedos es mediante el juego. Cuando los niños juegan con algo que los asusta, controlan la situación. No tienen por qué sentirse pequeños, impotentes y atemorizados. Cada vez que juegan a algo, lo comprenden un poco mejor y en consecuencia adquieren una mayor fortaleza y seguridad en sí mismos.

Los padres pueden ayudar a sus hijos a sentirse seguros

Los padres quieren que sus hijos tengan miedo de algunas cosas, puesto que los miedos pueden evitar que hagan cosas peligrosas. Pero lo que nadie desea es que sus hijos desarrollen temores irracionales que les impidan realizar cosas positivas, dormir bien y hacer amigos.

Una parte de nuestro «trabajo» como padres consiste en ayudar a los niños a sentirse seguros y a salvo. En ocasiones puede resultar muy frustrante intentar explicar a un niño asustado que un monstruo, una bruja o cualquier otra criatura imaginaria no es real. Los adultos ya lo hemos aprendido, pero nuestros hijos apenas están empezando.

Si puedes recordar algunas cosas que te asustaban de niño, ya sabrás lo que significa sentirse aterrorizado. Pensar en los miedos de tu infancia te ayudará a mantener una relación más estrecha y de comprensión hacia tu hijo, además de tener la seguridad de que un día acabará superándolos.

Muchas veces en la vida somos incapaces de solucionar los problemas de nuestros hijos o de ayudarlos a superar sus miedos. En tal caso, es posible que lo único que podamos hacer es proporcionarles un hogar seguro y lleno de amor, así como una absoluta predisposición a escucharlos mientras se esfuerzan por dominar lo que tanto les angustia. A menudo, «estar ahí» es la clase de apoyo más activo y más útil que pueden ofrecer los padres.

Consejos prácticos

■ Puede resultar muy útil para los niños saber que no son los únicos que se asustan. Dile a tu hijo que muchos niños, e incluso adultos, tienen miedo de algunas cosas aunque no lo demuestren.

■ Escucha con atención a tu hijo cuando te cuente la razón de sus temores. No le ayudará bromear o decir: «No hay nada de que asustarse». Los miedos son reales para los niños. Es muy importante no desdeñarlos.

■ Podrías decir: «En realidad no hay ningún tigre ahí afuera, pero comprendo que estés asustado. Estaré a tu lado para que estés a salvo». Con este tipo de actitud de reafirmación conseguirás que el niño se sienta lo bastante fuerte como para hacer frente al terrible tigre y al final «domesticarlo».

■ Es una buena idea mantenerse alejado de las cosas que asustan a tu hijo. Podrías guardar un juguete o un libro que le asusta y apagar la televisión si sabes que saldrá algo trágico en las noticias o en otros programas.

■ Sugiérele algo que hacer, como por ejemplo gritar «¡buum!» al oír un trueno, o encender la lamparita de noche o una linterna cuando el dormitorio está demasiado oscuro. Incluso pulsar el botón de apagado en el televisor cuando la programación es excesivamente aterradora puede conferir al pequeño un sentimiento de poder sobre el miedo.

■ Con frecuencia resulta de ayuda para los niños hacer un dibujo o inventar una historia acerca de un «monstruo» particular o de un sueño que les ha asustado. Cuando los niños pueden expulsar lo que les da miedo, a menudo son más capaces de afrontarlo y superarlo. Distanciarse del miedo les facilita controlarlo un poco y evitar que sea el propio miedo el que los controle. Ni que decir tiene que incluso jugar o dibujar algo puede resultar demasiado terrorífico para algunos niños.

■ Ve a una librería y pide libros que ayuden a los niños a superar los miedos. Es posible que tu hijo sea capaz de escuchar algo horrible si está en un libro y si tú estás cerca.

■ Algunas familias dan a sus hijos una botella con espray llena de agua a modo de «poción antimonstruos» o colocan un rótulo en la puerta que dice: «Prohibida la entrada a los monstruos». Esto parece dar buenos resultados a corto plazo, pues los niños se muestran extremadamente predispuestos a creer en fantasías, pero lo que realmente podría decirles es que también sus padres creen que los monstruos son reales y que podrían presentarse en el momento menos pensado. A lo largo plazo, todo padre desea que sus hijos sepan que los monstruos no son reales y que en realidad nunca estarán allí.

■ Si estás preocupado por la posibilidad de «transmitir» tus propios miedos a tu hijo, podrías pedir a alguien que te ayudara en determinadas situaciones. Por ejemplo, si una madre tiene un miedo instintivo a los dentistas, el padre, una tía o un primo podría ser quien se encargara de llevar al niño a la consulta.

Hermanos y hermanas

«Cuando mis hijos se peleaban, solía escuchar los argumentos de ambas partes e intentar ser justa al juzgar quién era el inocente y quién el culpable. Pero las riñas eran incesantes, y llegué a la conclusión de que probablemente estaba haciendo mal las cosas al erigirme en un árbitro. Ahora, cuando discuten, les sugiero que sean ellos quienes encuentren una solución. No siempre son capaces de hacerlo, pero por lo menos no me piden que intervenga tan a menudo. Creo que están aprendiendo a solucionar sus propios conflictos.»

Al igual que los padres, los hermanos y las hermanas modelan las primeras experiencias infantiles. Con los altibajos actuales que se producen en la vida familiar, los niños aprenden a congeniar con quienes tienen diferentes perspectivas y distintas habilidades. Viviendo el día a día, comprenden algo esencial sobre el amor: puede haber momentos de impaciencia y momentos de amabilidad, momentos de disgusto y momentos de satisfacción, momentos de enfado y momentos de perdón. Aunque los hermanos y hermanas se pueden pelear y estar en desacuerdo, tienen una conexión única.

Compartir el amor de los padres

Es natural que los niños vivan sus primeras experiencias de competitividad en el seno familiar, sobre todo entre el hermano mayor y el hermano o hermana menor. Incluso los niños mayorcitos que se sienten seguros en la familia pueden experimentar sentimientos ambivalentes acerca de un recién nacido. A todos nos gustaría ser el «único», el niño mimado de sus padres, pero aprender a ceder en algunas ocasiones representa un poderoso impulso en el crecimiento personal del niño, y por supuesto permite al mayor descubrir por experiencia propia los gozos de ser un hermano o una hermana.

Edades diferentes, intereses diferentes

Dado que la competitividad constituye una buena parte de la relación entre el primer y segundo hijo, ambos pueden tener un sinfín de conflictos, muchos de los cuales surgen porque los niños más pequeños idolatran a sus hermanos y hermanas mayores, y desean participar en su juego. Pero a veces, a causa de la diferencia de edad y de la diferencia de habilidades y necesidades, jugar juntos resulta difícil, si no imposible. Al niño mayor le apasiona aprender y dominar nuevas cosas y no se muestra demasiado interesado en el tipo de cosas que realmente importan a su hermano menor. Por otro lado, el más pequeño no suele tener la menor idea de lo que quiere o desea su hermano o hermana mayor. Puede transcurrir mucho tiempo antes de que sean capaces de jugar bien juntos, e incluso entonces, es posible que sigan teniendo intereses relativamente divergentes.

La mayoría de las familias creen que la competitividad disminuye a medida que sus hijos van creciendo y se implican en actividades fuera de casa, es decir, cuando dejan de ser tan dependientes de sus padres para obtener la aprobación y el reconocimiento. Asimismo, la competitividad también tiende a menguar cuando los niños se dan cuenta de que los padres los contemplamos como individuos únicos, sin compararlos ni animar a cada uno de ellos a seguir los pasos del otro. Cuando descubren que valoramos cada uno de sus talentos e ideas, es más probable que aprender a respetarse mutuamente.

Las expectativas de los padres

Cuando un recién nacido entra a formar parte de la familia, los padres se pueden

*U*na madre de un niño de tres años y de dos gemelos de un año me contó que su hijo mayor se mostraba demasiado brusco con sus hermanos menores. A menudo tenía que intervenir para evitar que siguiera pegándolos. Pronto descubrió que cuando se mostraba amistoso, ella lo dejaba solo, pero cuando era agresivo, le prestaba la máxima atención. Así pues, decidió dedicar momentos especiales a su hijo mayor, aprovechando la menor ocasión para felicitarlo cuando se mostraba cooperador. Con este tipo de atención, el niño fue capaz de afrontar mucho mejor el tiempo que pasaba con sus hermanos.

sentir preocupados ante los desafíos que supone cuidar y querer a otro niño. Pero también pueden adivinar que existe algo muy especial en el hecho de dar la oportunidad a su hermano o hermanos mayores el «don» de un amigo para toda la vida que comparta la historia familiar. Nuestras expectativas y fantasías al respecto probablemente guardan una estrecha relación con nuestro propio proceso de crecimiento, con o sin hermanos y hermanas.

Con frecuencia los padres se sientes disgustados cuando sus hijos no se comportan como «buenos camaradas», aunque en la mayoría de las familias suele transcurrir mucho tiempo antes de que los hermanos y hermanas desarrollen su competitividad en relación con la atención paterna. También es posible que resulte muy difícil ayudar a los hermanos mayores a aprender a ser comprensivos y pacientes con los más pequeños, y que éstos se muestren considerados con aquéllos.

La mediación en los conflictos

En ocasiones, los niños intentan imitar a sus padres en sus riñas. Todos quieren oírte decir: «Eres el bueno» –o el favorito–, «y tu hermano es el malo». En lugar de juzgar quién tiene razón y quién está equivocado, es preferible ayudarlos a aprender a escucharse mutuamente, sin interrumpirlos, y enseñarlos a que resuelvan sus conflictos. Sería adecuado decir: «Ya sé que los dos queréis jugar con el mismo juguete. Veamos cómo podríamos solucionarlo». Da muchos mejores resultados no tomar parte por ninguno de ellos, echar la culpa o centrarse en lo que originó el problema. Ser capaz de solucionar pacíficamente los conflictos es uno de los principales dones que podemos proporcionar a nuestros hijos, ahora y para el resto de su vida.

Cada hijo es único

Es lógico que un padre congenie mejor con uno o varios de sus hijos, tal vez por el temperamento, intereses, sexo u orden de nacimiento. Dado que en ocasiones los padres se sienten culpables de establecer este tipo de conexión con uno de sus hijos, pueden manifestar una tendencia a sobrecompensar a los demás, prestándoles más atención o mostrándose más indulgente con ellos. Los niños perciben cuándo existe algo no natural, como por ejemplo, esta actitud de los padres, y eso puede incomodarlos. Si los padres comprenden que es perfectamente normal sentir una mayor inclinación hacia un hijo que hacia otro, serán capaces de olvidar su sentimiento de culpa para que no interfiera al intentar ser justos con todos sus hijos.

Así pues, conviene estimular la justicia entre nuestros hijos, no la igualdad. No es justo tratarlos igual si tienen habilidades, necesidades e intereses diferentes. Si un niño necesita –y consigue– más ayuda o más atención de los padres, los demás deben tener la seguridad de que éstos también se ocuparán de ellos cuando los necesiten. Y a través de nuestro ejemplo, será más probable que nuestros hijos se muestren más sensibles cuando un hermano o hermana necesite un apoyo adicional. Estar a su lado tanto en los buenos como en los malos momentos es el mejor regalo que podemos ofrecerles.

Soy el hermano MAYOR

Consejos prácticos

■ Asegúrate de que tus hijos puedan estar solos de vez en cuando. Coméntales que es razonable decir: «Ahora no puedo jugar contigo, pero más tarde sí» (¡procura que cumplan la promesa!). Si te empeñas en que incluyan a sus hermanos o hermanas demasiado tiempo, pueden desarrollar un cierto resentimiento.

■ Anímalos a hacer juntos algo creativo no competitivo, como por ejemplo, confeccionar cadenas de papel o jugar con arcilla, pintura, plastilina, etc. Deben darse cuenta de que valoras el carácter único de lo que es capaz de hacer cada uno de ellos.

■ Intenta ofrecer a cada niño una parte de tu atención exclusiva, tal vez a la hora de acostarse, cuando uno de los más pequeños hace la siesta, después de la cena o durante el fin de semana. Cuando los niños saben que pueden contar o disponer de tu compañía exclusiva, son más capaces de arreglárselas por sí mismos cuando no puedes dedicarles tu plena atención.

■ A ser posible, establece diferentes horas de acostarse para tus hijos, de manera que cada uno de ellos pueda disponer de un ratito a solas contigo antes de dormirse. Es muy importante decirles: «Te quiero».

■ Muchas familias se han dado cuenta de que los conflictos disminuyen cuando los niños más mayorcitos saben que hay ciertas cosas que no tienen por qué compartir, las cuales podrían estar fuera del alcance de los más pequeños. Si es así, se mostrarán más predispuestos a compartir las demás.

■ Cuando un niño está jugando con un amigo, es importante no insistir en que incluyan en el juego a un hermano o hermana. Busca algo que puedas hacer con él, como preparar la cena juntos, leer un cuento o pedirle que juegue junto a ti.

■ Si conoces a otra familia con hijos de la misma edad que los tuyos, intenta que los dos más mayores puedan jugar juntos en tu casa o en la suya, mientras los dos más pequeños hacen lo propio en la otra casa. Estar a solas con diferentes amigos durante algún tiempo puede contribuir a que los hermanos y hermanas se sientan más a gusto cuando estén juntos.

Mascotas

«Nuestra hija estaba jugueteando con los dedos a escasos centímetros del hocico de nuestro perro. Lo hacía simplemente para divertirse, pero le pedí que no lo hiciera, pues podía molestarlo y sentirse mal. Ella pareció muy sorprendida y me dijo: "¡No sabía que los perros tuvieran sentimientos!".»

Para un niño, una mascota puede ser un amigo fiel que le ofrece amor incondicional, un compañero cuando no tiene a nadie con quien jugar, una pequeña criatura sobre la que ejercer un cierto control y una buena compañía en los días difíciles. Asimismo, una mascota puede enseñar disciplina y responsabilidad a los niños, así como muchas cosas relacionadas con la nueva vida e incluso la muerte.

Desafíos derivados del cuidado de una mascota

Los niños pequeños no son capaces de asumir una excesiva responsabilidad respecto a lo que significa cuidar a un animal de compañía, y más teniendo en cuenta que se les debe estar recordando constantemente sus propias rutinas, tales como lavarse las manos antes de comer o cepillarse los dientes antes de acostarse. Sin embargo, es posible que con el tiempo una mascota pueda ayudar a que tu hijo aprenda a ser un cuidador responsable.

No se puede esperar que los niños pequeños sean amables y cariñosos por naturaleza con una mascota. Para ellos, se trata ante todo de un juguete. Movidos por la curiosidad, podrían ponerlo del revés,

Cuando era pequeño y aún no había nacido mi hermana, tenía un perro llamado Mitzi. Era un chucho de color marrón, con el pelo ensortijado, y creo que durante mucho tiempo fue mi mejor amigo. Juntos aprendimos un montón de cosas acerca del mundo. Explorábamos el vecindario e incluso más allá. Recuerdo que me sentía más valiente cuando Mitzi estaba conmigo. Compartíamos la emoción, la alegría y la tristeza, y nos asustaban los truenos. Cuando murió, me sentí muy triste.

Mis padres sabían que sería «bueno para mí» tener un perro como compañero. En efecto, fue bueno para mí. Su vida y su cariño siempre formarán parte de mí. Me siento tan dichoso de haber «crecido» con él...

sosteniéndolo de las patas, levantarle una oreja para ver qué hay debajo, tirarle de la cola o intentar montar en un perro como si de un poni se tratara. Los preescolares son incapaces de ver las cosas desde un punto de vista ajeno. Ni siquiera se dan cuenta de que una mascota es un ser vivo.

Aprendiendo a respetar a los animales

Algunos pequeñines podrían pensar que en el interior de la mascota se esconde una persona, y

tratarla como tal. A menudo, se asigna a los animales determinadas cualidades humanas, tanto en los libros infantiles y la televisión como en las películas y los espectáculos de guiñol, donde aquéllos pueden hablar, vestirse ¡e incluso cantar y bailar! A decir verdad, la relación entre los niños y los animales se inicia a través de los animales de peluche y los cuentos ilustrados, aunque no tardan en descubrir que los animalitos reales saltan inmediatamente de las sillitas de paseo y no toleran que se les vista con ropitas de muñeca. Es entonces cuando aprenden que una mascota es un animal al que se debe tratar como a todos los demás seres vivos, es decir, con cariño y respeto.

Padres y mascotas

Los padres deben compartir con sus hijos las tareas de alimentar, cuidar y lavar a su mascota, aunque hay que asegurarse de no sobrecargarlos con una responsabilidad que no están preparados para asumir.

Por otro lado, los padres tienen que ayudar a proteger a los animales de compañía. Sería impensable esperar que los niños pequeños sepan lo que deben hacer con los picos, garras y dientes, al igual que también lo sería esperar que los animales sepan lo que deben hacer cuando alguien les tira del pelo.

Lo que los niños pueden aprender de una mascota

Si explicamos a nuestros hijos los límites que imponemos a nuestras mascotas, como por ejemplo dónde y cómo pueden jugar, comprenderán mejor por qué también hemos establecido límites para ellos en aras de la higiene, la seguridad y el orden en la vida familiar. Cuando las mascotas hacen caso omiso de aquellos límites, los niños se dan cuenta de que sus padres los regañan e incluso castigan. En realidad, muchos padres han sido testigos de la abrumadora reprimenda que han dado sus hijos a un perro o un gato por haber salido del patio o jardín, ¡y con el mismo tono que utilizan los adultos! En tales casos, los niños parecen comprender mejor que los límites no son sino expresiones de afecto.

Nadie puede predecir exactamente los cambios que se producirán cuando una mascota pasa a formar parte de una familia, aunque desde luego son inevitables, algunos agradables y otros tal vez desagradables. Aunque en general los animales de compañía complican aún más si cabe la vida familiar, también le aportan una nueva dimensión muy enriquecedora.

Consejos prácticos

Una nueva mascota en la familia

■ Sería aconsejable empezar con una mascota de pequeño tamaño, como un pez, un pájaro, un gerbillo, un hámster, una tortuga o un conejillo de Indias. Cuidar de este tipo de animales no exige un excesivo esfuerzo. Por otro lado, están destinados principalmente para observar, no para jugar con ellos, de manera que con ellos los niños pueden empezar a aprender algunas cosas acerca de los animales de un modo muy simple.

■ Antes de traer una mascota a casa, podrías enseñar a tu hijo a «acariciarlo suavemente» practicando con un peluche. Recuerda que los niños pequeños son muy impulsivos y que están aprendiendo a controlar las manos y las piernas. Así pues, deberás recordarle continuamente la necesidad de «acariciarlo con suavidad».

■ Cuando tu gato maúlla o el perro ladra, podrías preguntar a tu hijo: «¿Qué crees que quiere?». Esto puede ayudarle a pensar en su mascota como una criatura que tiene necesidades y sentimientos, aprendiendo a reaccionar con compasión.

Cuando muere una mascota

■ La muerte de una mascota nos recuerda a todos, pequeños y mayores, que en la vida suceden cosas tristes. Es natural echar de menos a una mascota, e incluso llorar, independientemente de la edad.

■ En la familia todos tienen recuerdos especiales y una relación única con la mascota, y cada cual tiene su propia forma exclusiva de abordar el tema de la muerte. Anima a tu hijo a hablar de la muerte de su mascota para comprender mejor lo que esta pérdida ha significado para él.

■ Cualquier cosa de la que se pueda hablar sobre este particular es preferible a no hablar de ello. Asimismo, ver fotos y evocar los recuerdos puede ayudar a los niños a comprender que existen múltiples formas de mantener «viva» a su mascota en su corazón.

■ Jugar con un peluche puede proporcionar a los pequeños un modo de expresar sus sentimientos y de recobrar la serenidad cuando muere una mascota. Podrían simular que vuelve a la vida. En los juegos infantiles de simulación, son ellos los que controlan los acontecimientos. En este sentido, los dibujos también pueden resultar útiles.

■ Dale a tu hijo el tiempo necesario para que conviva con su tristeza. El significado de la muerte sólo se comprende poco a poco, y con frecuencia el niño tarda bastante en estar preparado para aceptar a un «sustituto».

■ Aunque una buena parte de la muerte constituye un misterio, hay algunas cosas que los niños pueden comprender. Por ejemplo, podríamos decirles: «Cuando una mascota muere, no necesita comer, no puede ver ni oír, ni tampoco respira ni se mueve..., y por supuesto, no vuelve de nuevo a la vida».

■ Los niños son bastante literales y pueden tener un miedo terrible de acostarse por la noche si han oído decir que la mascota «se ha dormido para siempre». Necesitan saber que la muerte no es un período de descanso ni un sueño nocturno.

■ Los niños pueden pensar que su mascota ha muerto como un castigo por haber sido «malo». Es importante que sepan que todas las mascotas y todos los niños hacen cosas «malas» de vez en cuando. También deben comprender que la muerte de su mascota no es culpa suya y que no pueden hacer absolutamente nada para que vuelva a la vida.

■ A muchas familias les resulta útil celebrar un funeral para la mascota. El hecho de estar juntos con la familia y los amigos compartiendo pensamientos y sentimientos puede hacer que se sientan mejor y ayudarlos a recordar los momentos felices que han pasado en su compañía.

Haciendo amigos

«Nuestra hija estaba muy contenta porque en la familia que se había mudado a la casa de al lado había una niña de su edad. No tardaron en hacerse "amigas inseparables". Pero un día, cuando las dos parecían estar jugando bien juntas, se pelearon por un juguete. Una de ellas gritó: "¡Ya no serás mi amiga nunca más!", y la otra replicó: "¡Y yo no volveré a invitarte a mi casa nunca más!". Mi primer impulso fue intervenir y solucionar las cosas, pero me contuve. ¡Al poco tiempo volvieron a ser "amigas inseparables"!»

Los tiras y aflojas que se producen en una buena relación son una de las cosas más atractivas de la vida. Es un sentimiento maravilloso no sólo tener un amigo, sino saber que al mismo tiempo también tú eres su amigo.

Amigos en la primera infancia

Algunos niños son sociables por naturaleza, y desde un el principio se muestran muy predispuestos a tener compañeros de juego. Otros, en cambio, son más reservados y prefieren hacer las cosas por sí solos. No querer jugar con otros o aferrarse a uno de los padres puede ser su forma de decir: «¡En lugar de conocer ahora a estas personas, lo que necesito es pasar más tiempo conociéndome a mí mismo!». Muchos niños pequeños aún no están preparados para ciertos tipos de sociabilidad.

Cuando los niños entablan su primera conexión social, ésta suele ser «codo con codo». Podrían jugar el uno junto al otro en la misma área o con juguetes similares. Es posible que se limiten a observarse o a imitarse. Así es como se inicia la amistad, comprendiendo que «tú eres alguien más y que yo soy alguien más».

«Mi mejor amigo»

La capacidad de jugar con otro niño se adquiere más tarde, junto con el creciente interés –y frustración– de compartir ideas. Las relaciones de amistad se convierten en un «tira y afloja» en el que abundan los altibajos a medida que los pequeños aprenden a comprometerse, cooperar y trabajar sus diferencias en sentimientos y estilos.

Aquellas primeras relaciones de amistad suelen ser temporales, «fruto del momento». Cuando un niño se refiere a otro como «mi amigo», eso casi siempre significa

Una madre nos contó que su hijo quería invitar a sus amigos a jugar, pero nada más llegar el primero, se desencadenó una auténtica explosión de enfado entre ambos. Al parecer, su hijo tenía serias dificultades para compartir sus juguetes; se ponía furioso cuando alguien quería jugar con sus cosas. Su madre le sugirió que guardara unos cuantos juguetes para no tener que compartirlos. Así lo hicieron, y el niño se sintió más capaz de congeniar con su compañero de juego. Daba la sensación de que por el mero hecho de saber que no tenía que compartir algunos juguetes, le resultara muchísimo más fácil hacerlo con los demás.

que «hoy por hoy, jugamos juntos». Estar considerado como «mi amigo», o mejor, como «mi mejor amigo», es tan importante para los niños que cuando las cosas andan mal, lo peor que pueden pensar es: «Ya no serás mi amigo nunca más», lo cual suele ser su forma de decir: «Estoy muy enojado porque no coincides con mis ideas». No obstante, a menudo el conflicto se olvida después de un breve período de tiempo, y los dos vuelven a ser amigos.

El trabajo de las relaciones de amistad

Los niños pequeños tienen mucho que aprender acerca de compartir los juguetes y las ideas, y este tipo de aprendizaje se produce en el transcurso de un largo período de tiempo. Pasarán años antes de que empiecen a ver las cosas desde otra perspectiva y de que aprendan a hacer frente a todos aquellos sentimientos tan complejos que surgen en toda relación de amistad, tales como el enfado, el amor, el disgusto, la frustración y los celos.

Cuando los niños pequeños tienen la oportunidad de abordar estos sentimientos, con frecuencia pueden aprender que una parte importante de las relaciones de amistad consiste en «trabajar» las cosas después de un desacuerdo y descubrir que su relación es aún más estrecha que antes.

Los padres valoran las relaciones de amistad

Nuestra cultura otorga un extraordinario valor a las relaciones de amistad y al hecho de ser «popular». Y por supuesto, los padres desean que sus hijos tengan amigos, pues están convencidos de que de este modo estarán más a gusto en la escuela y disfrutarán de una vida extraescolar más confiada e interesante. ¡No es pues de extrañar que los adultos se preocupen por la capacidad de hacer amigos de sus hijos!

Comprender las relaciones de amistad de los niños

Algunos padres pueden guardar maravillosos recuerdos de las relaciones de amistad de su infancia, mientras que otros recuerdan haberse sentido desplazados y faltos de amigos. A lo largo de la vida, la mayoría de nosotros hemos tenido una amplia variedad de experiencias sociales, y si somos capaces de evocar los diferentes tipos de relación de amistad que hemos experimentado con los años, comprenderemos mejor que probablemente nuestros hijos también lo harán.

¡Cuán maravilloso puede ser para unos padres comprobar que su hijo juega con un amigo! Del mismo modo, puede resultar igualmente descorazonador observar que el niño se pelea con su compañero por un juguete o tener que adelantar su hora de regreso a casa cuando una cita lúdica acaba en un conflicto irresoluble. Aprender a compartir y a comprometerse constituyen enormes desafíos para los niños pequeños, cuya visión del mundo continúa siendo bastante egocéntrica.

¿Debería intervenir?

Cuando los niños se pelean, necesitan que sus padres medien en el conflicto para ayudarlos a encontrar una solución, pero también necesitan que sean pacientes y que tengan expectativas realistas. A muchos padres les sorprende descubrir que los conflictos de sus hijos son momentáneos y transitorios. Es posible que al día siguiente hayan olvidado por completo el problema y que los dos niños vuelvan a ser los «mejores amigos», sin ninguna intervención.

A veces, los padres sienten el impulso de actuar como «árbitros», cuando en realidad resulta mucho más eficaz adoptar el rol de «mediadores», ayudando a que los pequeños presten atención al punto de vista ajeno y a dar con una solución factible. Si los niños no son capaces de relacionarse de nuevo después de una riña, es entonces cuando los padres deberían intervenir, aun en el caso de que las aguas hayan vuelto a su cauce. A algunos niños pequeños los enfados les duran mucho tiempo y carecen de la capacidad indispensable para reconstruir una relación de amistad. Estos niños necesitan que sus padres los ayuden a hablar acerca de lo sucedido, para que puedan recordar los buenos momentos que han pasado con su amigo.

La mayor ayuda que podemos dar a nuestros hijos es mediante el ejemplo cotidiano en nuestras propias relaciones. Las actitudes se «captan» más que se «enseñan». Esto es así respecto a la empatía y la tolerancia, además de las demás cosas que están relacionadas con ser un buen amigo.

El tiempo a solas es importante

En ocasiones, los preescolares parecen ser unos verdaderos «solitarios». Simplemente no quieren jugar con otros niños. Para algunos adultos esto no es natural. Sin embargo, no sólo puede ser natural, sino también necesario. Dado que muchos niños de hoy en día pasan mucho tiempo en grupo, la soledad puede ser lo que más necesitan al llegar a casa.

Hasta que el pequeño ha desarrollado un sentido del «yo» razonable seguro, jugar con otros niños puede traducirse enseguida en una sobreestimulación. La confianza en sí mismo se adquiere cuando nuestros hijos tienen la ocasión de pasar algún tiempo a solas o en la compañía de adultos a los que ama y en quienes confían, aprendiendo a ser sociables gracias a su temprana proximidad a sus cuidadores primarios.

Consejos prácticos

■ La primera cita de juego entre dos niños debería consistir en pasar juntos un corto espacio de tiempo, como en un picnic o una merienda. Ambos podrían colaborar en la preparación de algún postre especial. Los niños necesitan algún tiempo para sentirse cómodos en una casa que les resulta desconocida. De ahí que también sería una buena idea invitar a sus padres.

■ Cuando un amigo venga a casa a jugar, sugiere actividades que probablemente no puedan ocasionar conflictos, tales como confeccionar una larga cadena de papel o jugar con cosas que sean fáciles de compartir, como la arcilla, los bloques de construcción, los recortables, las ceras y las pinturas.

■ Cuando tu hijo esté jugando con un nuevo amigo, procura estar cerca y prestar oídos a lo que está sucediendo. Los conflictos pueden estallar en el momento menos pensado, y es posible que si estás con ellos, se sientan más cómodos.

■ Cuando se producen desacuerdos, deja que los niños se den cuenta de que comprendes que algunas veces los amigos pueden disentir sobre ciertas cosas. Incluso quienes se aman muchísimo pueden estar de acuerdo o en desacuerdo. Anímalos a buscar formas de solucionar la situación sin que nadie pierda. Ayudarlos a encontrar una solución «ganar-ganar» les resultará muy útil a lo largo de la vida.

■ Si te acuerdas de alguna vez en la que tú y un amigo tuyo o un adulto estuvisteis en desacuerdo u os peleasteis, cuenta a tu hijo cómo resolviste la situación. Ayuda mucho a los niños saber que sus padres también han tenido que trabajar duro para solucionar sus conflictos, lo cual, asimismo, les demostrará el valor que concedes al mantenimiento de unas buenas relaciones de amistad.

Predisposición para el aprendizaje

«Todos decían que era importante que leyera cuentos a mi hijo, de manera que solía comprar los clásicos libros infantiles ilustrados. Pero el pequeño, de cuatro años, era incapaz de permanecer sentado un instante y escucharme; lo único que despertaba su interés era el hockey. Su maestro de preescolar sugirió que buscara un libro que hablara de jugadores de hockey. Fui a la librería y me llevé uno de su jugador favorito. Empecé a leérselo... ¡y no me dejó parar! Leíamos un capítulo entero cada tarde, ¡y el niño pedía más y más!»

Los niños nacen con una predisposición natural para el aprendizaje. Desde el principio empiezan a aprender acerca del mundo que los rodea mediante el tacto, el olor, los sonidos y la vista. Durante sus primeros años de vida es así como aprenden, a través de sus sentidos primarios. Emparejan las cosas, las desplazan, experimentan, exploran y descubren.

Aprendizaje del juego

Aunque pueda parecer que los niños «simplemente están jugando», lo cierto es que también trabajan algunas de las cosas básicas que más tarde necesitarán para poder leer, escribir y realizar operaciones aritméticas. Y lo más importante, lo aprenden de una forma natural y atractiva.

«Más y menos», «igual y diferente», «arriba y abajo»; éstos son algunos de los conceptos esenciales que los pequeños deben comprender para aprender el abecedario y la numeración en la escuela. Cuando juegan y simulan, están aprendiendo este tipo de cosas de un modo significativo para ellos, mucho más que una fragmentación de bits de información (p.e., $1 + 1 = 2$), lo cual les resulta imposible de relacionar. Cuando los niños construyen tartas de barro y necesitan «más» agua para darles consistencia, o necesitan «otra cuchara» para que en su fiesta simulada cada animalito de peluche pueda tener la suya, «más», como concepto aritmético, tiene un significado real.

De estas formas cotidianas nuestros hijos desarrollan una de las herramientas fundamentales para la escolaridad: la sensación de que el mundo es un lugar interesante. Pueden fascinarles las cosas sencillas que ven y oyen, incluso dedicando mucho tiempo a mirar detenidamente una mariquita subiendo por el tronco de un árbol o una grieta en la acera.

Las «herramientas» para el aprendizaje

Para estar preparado y ansioso por aprender nuevas cosas en la escuela, los niños no necesitan juguetes «educativos», caros y vanguardistas, sino sentirse satisfechos con lo que son y lo que pueden hacer. También necesitan ser capaces de concentrarse en una tarea, afrontar sus errores, utilizar la imaginación, aceptar las reglas y los límites, mostrar curiosidad por el entorno y aprender a relacionarse con los demás, «herramientas» todas ellas que les ayudarán a convertirse en buenos aprendices tanto en la clase como fuera de ella.

Cuando damos oportunidades de jugar a los niños, en realidad les estamos proporcionando fórmulas prácticas para desarrollar aquellas herramientas para el aprendizaje. Así, por ejemplo, cuando invierten su tiempo y su energía en la construcción de una torre con bloques y accidentalmente se cae, o están haciendo un dibujo que no re-

Una madre nos escribió para decirnos que su hija se había convertido en una cadena constante de «por qué». Nos contaba que si tenía la certeza de que realmente deseaba saber más acerca de algo determinado, casi siempre le daba una respuesta, pero que a veces se daba cuenta de que el «por qué» era un simple juego. «Los porqué son extraordinarios y nos ayudan a aprender, aunque en ocasiones impacienten a la más santa de las madres.» ¡Qué forma más estupenda de demostrar a la niña que respetaba su curiosidad al tiempo que le hacía saber que las madres también tienen un límite!

sulta tal y como esperaban, pueden aprender a superar la frustración y el disgusto. Si deciden reconstruir la estructura o hacer otro dibujo, están aprendiendo el significado de la persistencia.

Los niños pequeños aún no son capaces de compartir o de profundizar en las cosas cuando median opiniones diferentes. Si consideramos sus conflictos como ocasiones pedagógicas, les podemos ayudar a potenciar su capacidad de escucha y de verlo todo desde la perspectiva de otra persona. Lo que ocurre en un aula no sólo se produce simplemente entre el maestro y los alumnos, sino también entre los niños.

En cualquier aula es habitual que surjan desacuerdos, que haya momentos de enojo y que se hieran los sentimientos. Si los pequeños van a la escuela sabiendo cómo relacionarse con los demás y disponiendo de formas eficaces para expresar sus sentimientos, sobre todo la frustración, serán mucho más capaces de hacer frente a los altibajos diarios en el aula.

Ni que decir tiene que los niños desarrollan estas «herramientas» a partir del ejemplo de sus padres. Ante todo, quieren ser como las personas que aman. Es importante para ellos comprobar que a veces los adultos también tenemos problemas, pero que procuramos resolverlos constructivamente; que nos cuesta aprender ciertas cosas, pero que seguimos intentándolo; y que de vez en cuando surgen conflictos con otros miembros de la familia, pero que hacemos lo imposible para congeniar con ellos. ¡Las actitudes son contagiosas!

Las expectativas de los padres

Los padres desean que sus hijos sean buenos aprendices y que tengan éxito en la escuela, aunque a decir verdad, la presión que ejercen sobre ellos se inicia cada vez más pronto. Es difícil saber hasta qué punto conviene «forzar» el aprendizaje en sus primeros años de vida y en qué medida se puede confiar en que los niños aprenderán por sí solos. Cuando su ritmo interior les indica que están preparados, la mayoría de los pequeños empiezan a leer y a resolver problemas aritméticos, con la misma naturaleza con la que aprendieron a gatear siguiendo su propio reloj interior.

Si les presionamos para que aprendan algo antes de estar preparados, pueden sentirse angustiados, frustrados y enojados, lo cual a su vez puede afectar a sus sentimientos acerca de todos los tipos de aprendizaje. Entre insistir en que alguien haga algo y crear una atmósfera en la que la persona pueda crecer queriendo hacerlo media un abismo.

Las primeras cosas que los niños suelen querer aprender son aquellas por las que demuestran un mayor interés. Escribir su nombre, la palabra «amor» y el nombre de los seres queridos que cuidan de ellos —«mamá» y «papá»— son a menudo sus tesoros manuscritos más valiosos. El aprendizaje y el amor van cogidos de la mano de mil formas diferentes.

Demostrar un genuino aprecio por las cosas que hacen nuestros hijos, hablar de ellas y jugar es, sin ningún género de dudas, el mejor clima para el aprendizaje.

Cuando prestamos atención —cuando realmente prestamos atención— a las ideas, preocupaciones y sentimientos de los niños, les estamos demostrando que sus palabras y pensamientos son importantes, además de hacerles saber que ellos mismos nos importan. Cuando los pequeños se sienten a gusto con lo que son, existen más probabilidades de que se conviertan en voraces aprendices tanto dentro como fuera del aula.

Consejos prácticos

■ Habla de cosas que de niño te resultaban difíciles, como por ejemplo montar en bicicleta o aprender a escribir. Incluso podrías añadir algunas experiencias con algo que te haya ocasionado verdaderos quebraderos de cabeza y que no conseguías dominar siendo adulto, como un nuevo ordenador o una centralita telefónica. Es más probable que los niños se concentren en una tarea determinada si comprenden que a todos les ha llevado algún tiempo aprender cosas.

■ Cuando hables de un problema que se te ha planteado en casa o en el trabajo, no te lamentes. Procura que tu hijo se entere de que estás intentando hallar una solución. Aun en el caso de que no logres resolverlo, el niño sabrá que no te rindes a las primeras de cambio cuando te enfrentas a algo difícil.

■ Procura que tu hijo sea capaz de asumir las responsabilidades que le asignas. Los niños necesitan sentir que saben hacer bien determinadas cosas por muy simples que parezcan, tales como trazar una circunferencia o preparar un sándwich de crema de chocolate.

■ Si tu hijo se siente descorazonado por un «trabajo» que le resulta demasiado complejo, divídelo en partes más pequeñas. En lugar de la ingente tarea de «limpia tu dormitorio», podría tolerar mucho mejor si le sugieres que primero ordene los peluches, luego los coches de juguete, a continuación los bloques de construcción, etc.

Cómo ayudar a tu hijo a valorar los libros y la lectura

■ Reserva un período de tiempo cálido e íntimo para la lectura con tu hijo. Los sentimientos que experimente se perpetuarán en su memoria. Con el tiempo, bastará con coger un libro para evocar aquellos agradables momentos de lectura contigo.

■ Cuando estés leyendo un libro, procura que el niño tenga oportunidades de formular preguntas y de comentar la historia y las ilustraciones. Tal vez podrías preguntarle: «¿Qué ves en este dibujo?» o «¿Qué crees que sucederá a continuación?».

■ Es muy positivo que tu hijo te pida que le leas el mismo libro una y otra vez. Si los niños han oído a sus padres leer varias veces ese mismo libro, llegará el día en que puedan «leerlo» de memoria. La «lectura simulada» constituye un paso muy importante hacia la lectura real, y puede ayudar al pequeño a sentirse muy satisfecho de sí mismo al ser capaz de «leer» un libro.

Fiestas y cumpleaños

«En el tercer cumpleaños de nuestro hijo, mi esposa y yo ya habíamos llegado a la conclusión de que "¿Qué quieres para tu cumpleaños?" era una pregunta inadecuada. ¿Cómo podía saber lo que era razonable pedir? En realidad, aquella pregunta de final abierto no hacía sino crearnos problemas. Así pues, decidimos organizar su "día sorpresa". El niño encontraría regalos sorpresa que no esperaba: en la mesa del desayuno, debajo de la silla y en otros lugares durante todo el día. Los dos últimos regalos estaban en su almohada. Fue así como a lo largo de aquellos años solucionamos el problema de "demasiado de una vez y todo se acabó demasiado pronto".»

Algunos adultos generan tanta excitación en torno a los cumpleaños y las fiestas que los niños acaban creyendo que son los días más especiales del año. Con las reuniones familiares, los regalos y las fiestas, tienen mucho que mirar y fantasear.

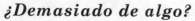

¿Demasiado de algo?

Es natural que la idea anticipada de los cumpleaños y las fiestas puedan crear expectativas que nunca se cumplirán. Por desgracia, cuando los niños descubren que esa idea anticipada supera considerablemente la realidad, se pueden disgustar y enojar.

Aun en el caso de que las expectativas se cumplan, puede ser difícil para un niño recibir demasiado de algo (regalos, comida, atención, etc.) en un momento determi-nado. A decir verdad, puede resultar decididamente abrumador para él recibir demasiado de todo. Podrían preguntarse: «¿Cómo podré arreglármelas con todo esto? ¿Cómo conseguiré "dar las gracias" lo suficiente? ¿Qué puedo hacer para ser lo bastante bueno como para compensar lo que me han regalado?».

Crear tradiciones familiares

En casi todas las familias existen algunas tradiciones relacionadas con las fiestas y los cumpleaños, tales como reunirse, preparar alguna comida festiva especial, cantar juntos, encender velas, etc. La mayoría de la gente afirma que son precisamente estas tradiciones las que convierten los días normales en días especiales. Las tradiciones pueden actuar a modo de anclas que nos ayudan a sentirnos más seguros y estables, y pueden ser particularmente importantes cuando toda la familia participa de la emoción que acompaña a toda fiesta.

Las tradiciones nos proporcionan un marco único para la celebración. Pero lo cierto es que algunas de aquellas tradiciones que resultaron reconfortantes para los padres en su infancia pueden no funcionar con sus hijos en la actualidad. Con los años, las familias tienden a desarrollar sus propias tradiciones. Nos sorprendería lo poco que cuesta hacer que un día cualquiera se convierta en otro realmente especial.

El ajetreo y las reuniones multitudinarias pueden ser sobreestimulantes para los pequeños y dificultarles el control de sus impulsos. Durante los largos encuentros familiares, los niños suelen responder mejor si disponen de un lugar exclusivo en el que sentirse seguros y aislarse un poco de los adultos, es decir, un sitio al que puedan ir para hacer lo que les plazca a solas. Podría ser el jardín, una habitación tranquila con algunos libros y juguetes o simplemente un espacio detrás del sofá en la sala de estar.

Los padres quieren un día «perfecto»

En ocasiones, los cumpleaños y otras festividades hacen que los padres se sientan literalmente absorbidos por un torbellino. Es lógico, ¡están preocupados por el exceso de trabajo y los gastos derivados de la celebración! Y con el deseo de que la fiesta sea un

*E*n una ocasión, un niño pequeño nos escribió una carta después de su fiesta de cumpleaños. «Estoy molesto y triste. No quería que mis amigos vinieran a mi casa.» Para él, su cumpleaños no fue feliz. Pero su madre le proporcionó una forma de afrontar su disgusto ayudándolo a expresar sus sentimientos con palabras –«molesto» y «triste». Ser capaz de hablar de algunas de las cosas que no le habían gustado le permitió descubrir que también había disfrutado de otras. Considerándolo en su globalidad, el cumpleaños no había sido un completo desastre.

día perfecto para sus hijos, es fácil que acaben llevándose un enorme disgusto.

En el caso de las fiestas invernales, ese deseo de crear el día perfecto alcanza niveles incalculables como resultado del acoso de los medios de comunicación. El gran mensaje de la temporada, anunciado a voz en grito en millones de spots publicitarios en la televisión, los periódicos y las revistas parece ser: «Gastar más es querer más y ser más querido».

¡Cuán «seductor» es este mensaje, sobre todo para los padres! Cuando nace un bebé, todo lo que ansían sus padres es proporcionarle una vida perfecta. Pero lógicamente, esto no es realista, en especial si la «perfección» significa una vida permanentemente feliz. A veces, los hijos sufren heridas, les duele la barriguita o la dentición, sienten celos o están disgustados. Muy pronto en la vida de los niños nos vemos obligados a reconocer que la vida «perfecta» (sin problemas) que desearíamos para ellos no es más que una fantasía. Aun así, existe otra fantasía que suele ser muy común: «Aunque no consiga dar a mi hijo una vida perfecta, quizá sea capaz de ofrecerle un día perfecto una o dos veces al año, ya sea en su cumpleaños, en Navidad, etc.».

Cómo afrontar el disgusto

A menudo, aquel día tan esperado acaba en llantos, peleas y enojos, y los padres tienen la sensación al término de la jornada de que sus hijos son incapaces de valorar sus esfuerzos. «Lo hemos hecho todo para ti. ¿Por qué te sientes tan desdichado?» Una decepción que convierte un día «perfecto» en un enorme disgusto. Como es natural, nadie tiene la intención de disgustar al niño. No obstante, una parte muy importante de ser padre consiste en ayudar a los hijos a afrontar la sensación de disgusto.

A veces, los pequeños piden regalos que sus padres no pueden comprar o que consideran inapropiados. Podemos ayudarlos a comprender desde el principio que lo que la gente puede tener tiene sus límites. Algunos padres dicen a sus hijos: «No podemos comprar todo lo que quieres. No tenemos suficiente dinero. Lo necesitamos para nuestro hogar, los alimentos, las prendas de vestir y para cuidar de las demás cosas que necesitas y que también nosotros necesitamos». Con un poco de apoyo, pueden ayudar al niño a afrontar el disgusto y a evolucionar a partir del mismo. Por otro lado, saber hacer frente al disgusto es un «regalo» que les resultará beneficioso durante toda la vida.

Celebrar las pequeñas cosas

Aunque en general solemos celebrar las grandes ocasiones, algunas de las mejores cosas dignas de una celebración son los pequeños momentos que acontecen en la vida diaria, tales como ver cómo alguien ayuda a otra persona, aprender algo nuevo o contemplar una preciosa puesta de sol, una hermosa flor o una bandada de pájaros. Cuando seamos capaces de dedicar el tiempo necesario en medio de nuestro ajetreado mundo a cosas como éstas, estaremos nutriendo a nuestros hijos y también a nosotros mismos.

Consejos prácticos

Para las fiestas de cumpleaños

■ Para una fiesta de cumpleaños puede resultar útil limitar el número de invitados a la edad de tu hijo, es decir, tres amiguitos para la fiesta de un niño de tres años; cuatro para la fiesta de un pequeño de cuatro años, etc. Con estas limitaciones es probable que las dimensiones de la celebración sean cómodas tanto para ti como para tu hijo.

■ Piensa en formas sencillas de celebrar ese día tan especial. Lo que realmente importa es que tu hijo pueda elegir alguna cosa que te parezca razonable y algo que pueda hacer la familia, como por ejemplo, confeccionar el menú para la cena, ir de picnic o al parque.

■ Busca otras ocasiones, además de los cumpleaños, para celebrar aspectos que demuestren el crecimiento del niño como persona: cuando ha ayudado a alguien, cuando ha aprendido algo nuevo o cuando ha sido capaz de hacer frente a una situación difícil. Es tan importante celebrar el crecimiento «interior» como el «exterior». Algunas familias encienden una vela o entregan una copa o placa especial al pequeño al que se está homenajeando en estas ocasiones especiales para instituir sus propias tradiciones.

Para las fiestas invernales

■ Aprovecha algún momento de intimidad antes de las fiestas para preguntar a tu hijo de qué tradiciones ha disfrutado más en su vida. Tal vez merezca la pena conservarlas.

■ Implica al niño en las actividades previas a la fiesta, trabajando juntos para confeccionar las tarjetas con los nombres para el almuerzo o la cena familiar, elaborar las galletas, confeccionar invitaciones o encender las velas. La participación proporciona a los pequeños un importante sentido de pertenencia

■ Antes de salir hacia otra casa para celebrar una fiesta familiar, explica a tu hijo lo que esperas de él. Cuéntale lo que sabes acerca de esa casa, tus recuerdos infantiles (si de niño viviste allí) y los invitados que podrían acudir.

■ Estáte alerta para adivinar cuándo el niño empieza a sentirse estresado, llévalo a un lugar tranquilo y acuéstalo durante un rato, léele un cuento o habla con él. Cuando los pequeños están sobreestimulados, exhaustos o simplemente pierden el control de sus impulsos, es muy difícil serenarlos. Necesitan confiar en que sus padres los ayudarán a recuperar el control.

La hora de acostarse

«Nuestra hija de cuatro años empezó a despertarse cada noche esperando que durmiera con ella. Me daba lástima y permanecía a su lado hasta que conseguía conciliar el sueño (¡y yo también!). Me resultó muy difícil poner fin a este hábito. Al final empecé a creer que dormir con ella no era beneficioso para ella ni para mí. Estoy convencida de que adivinó mis intenciones y se convenció de que iba en serio y que podía sentirse segura en su dormitorio. Después de algunas noches, encontró nuevas formas para tranquilizarse y volver a dormirse.»

La hora de acostarse puede ser complicada. A la mayoría de los niños no les gusta dejar de hacer algo divertido para ir a la cama, y desde luego les desagrada muchísimo que se les diga que tienen que hacerlo. Es natural que quieran continuar formando parte de los quehaceres familiares incluso por la noche.

Cómo afrontar la separación

La hora de acostarse es especialmente dura para los niños pequeños, pues significa separarse de los padres. No tienen ni idea de lo que significa el tiempo, y les cuesta saber cuánto falta para que llegue la mañana. Asimismo, no están seguros de cuándo volverán a estar con sus seres queridos. De ahí que sea tan importante ofrecerle un tiempo de tranquilidad, intimidad y reafirmación antes de acostarse. Los niños necesitan saber que sus padres o cualquier otra persona en la que confíen estará cerca cuando termina el día y empieza la noche.

Rutinas que ayudan a los niños

Una de las mejores formas de afrontar los problemas a la hora de acostarse es instituyendo rutinas y reglas. Los niños se sienten mucho más cómodos cuando saben qué esperar y qué se espera de ellos. La regularidad y predecibilidad son fundamentales para ayudarles a modificar su comportamiento y sus sentimientos por la noche, al igual que durante el día.

Sin embargo, debes estar preparado. Los pequeños suelen poner a prueba cualquier regla, y pueden tardar un poco en darse cuenta de que te mantienes firme en lo que concierne a la hora de irse a la cama. Entretanto, procura que comprendan que aunque no les gusten las reglas, es esencial cumplirlas.

Ni que decir tiene que en ocasiones, como en los días festivos, en las vacaciones, cuando hay visitas en casa o cuando el niño está enfermo, tendrás que cambiar el horario habitual. Si le explicas por qué cambias la rutina y que el cambio sólo es temporal, será consciente de que el programa de costumbre sigue siendo importante y que al final todo volverá a la normalidad.

Un amigo me contó que su padre siempre se inventaba un cuento para él y sus hermanos a la hora de acostarse. Se trataba de tres patitos que vivían una larga serie de aventuras. «¿Sabes? –me dijo–, independientemente de lo mal que nos hubiésemos portado siempre nos contaba su historia. Nuestro comportamiento tenía otras consecuencias, pero nunca utilizaba esos minutos nocturnos a modo de castigo. Por aquel entonces no pensaba en ello, pero ahora creo que aquellas historias nos daban la seguridad de que habría otro día después de la noche. Asimismo, la presencia de papá nos indicaba que al igual que la vida continuaba de día en día, también se perpetuaría su amor.»

Aun así, habrá noches en las que a tu hijo le resultará especialmente difícil decir buenas noches. Podría estar sobreestimulado, enfermo, disgustado por algún que otro cambio significativo en la familia o alterado por cualquier otra razón aparente. En estos casos, es una buena idea pasar un rato extra con él antes de acostarlo. Siéntate junto a la cama un poco más que de costumbre, háblale, cántale o abrázalo.

Poco a poco, los niños aprenden que llegará la noche, que se separarán de sus padres, que se quedarán dormidos y que empezará un nuevo día y se despertarán sanos y salvos en su cama, con las personas que los quieren siempre a su lado. ¡Esta seguridad es un regalo maravilloso para cualquier ser humano!

Los padres también tienen necesidades

A ningún padre sensato le gusta terminar el día con discusiones y enojos. Queremos ayudar a nuestros hijos a que concilien el sueño en una atmósfera de calidez y cariño, tanto por su bien como por el nuestro.

Sin embargo, es probable que a veces el niño pretenda quedarse despierto un ratito más. Aunque ceder pueda parecer la solución más fácil, es beneficioso para los pequeños recordar que son sus padres quienes controlan la situación y que se mostrarán firmes respecto al cumplimiento de las reglas. Cuando nos ceñimos a las reglas y rutinas, les estamos ayudando a sentirse más seguros de sí mismos y, por lo tanto, más queridos.

Es natural que los padres deseen acostar a sus hijos para poder disponer de un tiempo para ellos. En efecto, los padres también necesitan disfrutar de un tiempo sin las constantes exigencias de atención de los niños y pasarlo en paz y sosiego, conversando, haciendo las tareas domésticas, trabajando o estudiando. A menudo, cuando disponen de algún tiempo para satisfacer sus propias necesidades, son más capaces de cuidar de su familia.

Consejos prácticos

Antes de acostarse

■ La hora de acostarse empieza mucho antes de que los niños estén en la cama. En realidad, los pequeños se mostrarán mucho más predispuestos a acostarse si disponen de algún tiempo para «desacelerarse», ya sea con unos momentos de tranquilidad o realizando actividades relajantes. Es recomendable evitar los programas de televisión, pues podrían excitarlos y dificultarles el sueño. Si les ofreces un tentempié nocturno, procura que no contenga cafeína, como por ejemplo las bebidas de cola o el chocolate, ya que son estimulantes y podrían mantenerlos despiertos. Es preferible darles fruta o galletas con un poco de leche.

■ Procura que la hora de acostarse sea siempre la misma. Los niños comprenden mejor lo que se espera de ellos cuando tienen una rutina predecible.

■ Quince minutos antes de acostarse, y también cuando falten cinco minutos, recuerda a tu hijo que muy pronto será la hora de irse a la cama. A los niños les resulta muy difícil dejar de hacer algo que les divierte. En tal caso, tu recordatorio le permitirá terminar y prepararse para «cambiar de marcha» y empezar así la rutina nocturna. A algunas personas les resulta útil utilizar relojes o un cronómetro con alarma para que los niños comprendan que ha llegado la hora de irse a la cama.

■ Procura que tu hijo sepa que comprendes su disgusto cuando tiene que dejar de jugar y prepararse para acostarse. Saber que los padres se preocupan de sus sentimientos puede ayudarlos a amoldarse mejor a la situación.

■ Establece una rutina para la hora de acostarse. Deja que tu hijo elija. Algunas familias se han dado cuenta de que los niños se muestran más predispuestos a irse a la cama si controlan un poco el contenido de la rutina. Como es natural, hay algunas cosas, como bañarse y lavarse los dientes, que deben formar parte integral de una «rutina» familiar saludable. A continuación se relacionan otros rituales que tal vez podrías considerar:

Leer libros o contar cuentos

Abrazaros

Pasar un ratito haciendo mimos

Cantar suavemente

Escuchar música pausada

Hablar de lo que ha sucedido hoy y de lo que nos espera mañana

Rezar

Decir buenas noches a las cosas del dormitorio:

«Buenas noches almohada, buenas noches libros...»

Cómo ayudar a tu hijo a permanecer en la cama

■ Busca un equilibrio entre sentirse cómodo y mostrarse firme respecto a las reglas. Si has establecido una regla de «un vasito de agua» o «dos cuentos», recuérdasela a tu hijo y cúmplela.

■ Procura que el niño sepa que no tiene por qué quedarse dormido de inmediato, pero que es importante estar en la cama.

■ Anima a tus hijos a encontrar por sí mismos nuevas formas de sentirse comodos: abrazando un peluche, inventando un cuento o imaginando un «sueño» agradable.

■ A tu hijo le podría resultar reconfortante tener algo tuyo para pasar la noche, como un guante o un pañuelo. Estos objetos personales pueden ayudarlo a sentirse unido a ti aunque no estés a su lado.

■ Podrías dejar encendida una lucecita de noche o decorar las paredes o el techo del dormitorio infantil con pegatinas fosforescentes que brillan en la oscuridad. Tener un poco de luz recuerda a los niños que sigue habiendo luz en alguna parte, y que la luz del día no tardará en llegar de nuevo.

■ A algunas familias les resulta útil dejar entreabierta la puerta del dormitorio. De este modo, los niños pueden oír algunos sonidos familiares del hogar mientras intentan conciliar el sueño.

■ Si los niños se levantan de la cama, es aconsejable acompañarlos de nuevo hasta su dormitorio. Deben acostumbrarse a que su cama y su cuarto son lugares seguros.

■ Si tu hijo ha tenido una pesadilla, convéncelo de que un sueño es sólo un sueño, y que los sueños nunca hacen daño.

■ Algunas familias ponen una pegatina en un calendario cada mañana cuando el niño ha permanecido en la cama toda la noche. Es posible que al principio no abunden las pegatinas, pero el mero hecho de ver que van en aumento permite a los niños darse cuenta de que han sido capaces de hacer algo que antes les resultaba muy difícil.

Primeras experiencias

Para los niños pequeños la vida está llena de nuevas experiencias. Algunas son emocionantes y otras aterradoras –¡las hay que son emocionantes y aterradoras al mismo tiempo!–. A los padres les resulta difícil saber lo que puede ser difícil de afrontar para los niños o cuánta ayuda pueden necesitar. En cualquier caso, a todos nos gusta que nos digan lo que se espera de nosotros cuando nos hallamos ante una nueva experiencia. El apoyo que damos a nuestros hijos desde el principio puede influir en la forma en la que reaccionan ante las nuevas situaciones a lo largo de toda su vida.

En ocasiones, los padres creen que si no hablan de lo que esperan de sus hijos, en realidad los están protegiendo. Pero lo cierto es que cuando los pequeños se encuentran ante una nueva experiencia sin ninguna preparación, es probable que se disgusten y desorienten aún más, pues les coge de improviso y con la guardia baja. Con frecuencia, sus fantasías son mucho más atemorizantes que la realidad.

Cuando hablamos abiertamente de una nueva experiencia, es decir, de lo que es probable que suceda y lo que no, los niños se sienten más seguros de sí mismos y más capaces de afrontarla, al tiempo que confían mucho más en nosotros. Animarlos a hablar de sus sentimientos puede ser un paso muy importante para ayudarlos a expresarlos, interiorizarlos y comprenderlos.

Las primeras experiencias constituyen una gran oportunidad para el crecimiento personal de los niños. Asimismo, descubren cómo reaccionan las personas de todas las edades cuando hay amor, confianza y una comunicación sincera.

Uso del baño

«Mi hijo daba la sensación de haberse acostumbrado enseguida a utilizar el cuarto de baño. ¡Durante tres días estuvo usando el orinal él solito y no se mojaba en la guardería! Se sentía muy orgulloso de sí mismo, y todos lo felicitamos. Pero al día siguiente, en la guardería, se hizo pis dos veces en los pantalones, y a partir de entonces insistió en volver a usar pañales. Me sentía muy disgustada, pero otras mamás me ayudaron a tranquilizarme y dejé pasar algunas semanas. De vez en cuando le mencionaba la necesidad de acostumbrarse a usar el baño, hasta que al final, hace un par de semanas, decidió intentarlo de nuevo.»

El aprendizaje

El aprendizaje para usar el baño exige un gran esfuerzo. Los niños tienen que aprender a controlar sus esfínteres para retener o soltar el pis en el momento adecuado. Deben dejar de hacer algo que realmente les gusta y dirigirse de inmediato al cuarto de baño. Es más, tienen que aprender a desprenderse de algo que produce su cuerpo y aceptar el hecho de que desaparecerá por el inodoro. Podrían preguntarse: «Si suelto demasiado, ¿desapareceré yo también por el inodoro?». No es pues de extrañar que sea tan difícil el adiestramiento para el uso del baño, ni tampoco que algunas veces mojen o ensucien los pantalones durante el aprendizaje.

¿Cuándo están preparados?

Muchos padres se preguntan cuándo deben iniciar a sus hijos en el adiestramiento para el uso del baño. Es aconsejable esperar hasta que tengas la sensación de que están «preparados». A menudo, los niños muestran signos que nos indican que ha llegado el momento, como por ejemplo, darse cuenta de que se están orinando o advertir el movimiento de sus intestinos y decírtelo, permaneciendo «secos» durante períodos más largos de tiempo, y demostrando un cierto interés en el uso del cuarto de baño. Por otro lado, podemos dar por supuesto que están «preparados» cuando empiezan a imitar otras cosas que hacen sus padres, hermanos y hermanas mayores, tales como lavarse solos y cepillarse los dientes.

En ocasiones es difícil para los padres no evaluar el éxito de sus hijos con arreglo a lo que dicen los libros u otros estándares de un hermano mayor o de un amiguito del niño. El momento oportuno para utilizar el orinal difiere de un pequeño a otro; es algo tan individual como andar o hablar. Esperar demasiado y demasiado pronto puede provocar frustración tanto a los padres como a los hijos. Si hacemos un esfuerzo para empezar con el adiestramiento y advertimos que el niño no muestra el más mínimo interés, sería una buena idea aplazar la decisión e intentarlo más adelante.

Los «accidentes» son naturales

Incluso después de que los niños han aprendido a usar el baño, es natural tener algún «accidente» alguna que otra vez, y aunque resulta frustrante para ellos, consiguen superar mejor la situación cuando los padres son pacientes y les recuerdan sus éxitos en lugar de culpabilizarlos cuando se mojan o ensucian los pantalones. Los niños desean realmente complacer a sus padres y les gusta sentirse «adultos».

Puede transcurrir un largo período de tiempo antes de que logren mantenerse secos durante toda la noche. Esto se debe a que duermen profundamente y no son conscientes de las sensaciones de su vejiga. Muchos padres, antes de acostarse, despier-

Con ocasión de una visita a la clase de mi hijo en la guardería, la maestra dijo a los niños: «Alguien quiere decir algo a Míster Rogers?». Un pequeño respondió con entusiasmo, como si en realidad hubiera estado esperando aquel momento desde hacía mucho tiempo: «Míster Rogers, todavía llevo pañales por la noche». Con toda seguridad, sé que la maestra se estaba preguntando cómo reaccionaría ante aquella declaración de principios. Le dije: «Gracias por contármelo. Es algo muy importante, y vas a ser tú quien decida cuándo debes dejar de usarlos. Me siento muy orgulloso de tu evolución personal». El niño sonrió abiertamente mientras todos los demás suspiraban aliviados.

tan a sus hijos y los acompañan al baño. De este modo, se acostumbran a las sensaciones de la vejiga y aprender a controlar mejor los esfínteres.

Incluso después de haber finalizado el «adiestramiento para el uso del baño», habrá veces, por ejemplo cuando están enfermos o resfriados, en que mojarán la cama. Lo que ocurre en estos casos es que cuando no se encuentran bien o se sienten disgustados por algún cambio que se ha producido en su vida (llegada de un bebé a la familia, mudanza a otra casa u otras situaciones de estrés) tienen un menor control de la vejiga.

El adiestramiento es un esfuerzo conjunto

El «adiestramiento» que implica el uso del baño es un esfuerzo conjunto. Los padres introducen a sus hijos en los mecanismos de utilizar el cuarto de baño, pero también deben aprender a responder a los signos que indican que ya están preparados para ser adiestrados en esta nueva rutina. Por otro lado, los niños tienen que desarrollar una conciencia de las sensaciones derivadas de orinar y de los movimientos intestinales, además de un cierto grado de control muscular.

Cuando los padres son capaces de tener expectativas realistas, es más probable que enfoquen el adiestramiento para el uso del baño con un equilibrio de cariño y persistencia, y que la experiencia sirva a los niños no sólo para controlar sus funciones fisiológicas, sino también para adquirir un mayor sentido de sí mismos. Se sentirán orgullosos de la forma en la que están creciendo y aprendiendo a superar algunas cosas que serán importantes en el mundo adulto.

Consejos prácticos

Inicio del adiestramiento para el uso del baño

■ La mayoría de los niños se sienten más cómodos utilizando un orinal apoyado en el suelo que con una sillita que se adapta al inodoro, les podría preocupar la posibilidad de ser literalmente «tragados» por el desagüe. Asimismo, también suelen sentirse mejor sentados y con los pies en el suelo.

■ Puede resultar muy útil elogiar a tu hijo por haber llegado a tiempo al cuarto de baño. Muchos padres dicen cosas tales como «¡Estoy orgulloso de ti!» o «¡Realmente estás cre- 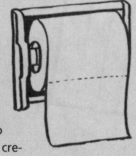 ciendo!». En realidad, tu elogio significa muchísimo para el niño, pues a decir verdad, las principales razones por las que los pequeños quieren usar el baño es para complacer a sus padres y tener la sensación de que se están haciendo mayores.

■ Al principio es posible que tengas que recordarle que es hora de dejar de jugar y de ir al baño. Podrías decir algo así como «Ya sé que es difícil dejar de hacer algo que te gusta, pero es muy importante intentar llegar a tiempo al cuarto de baño».

■ Podrías ayudar a tu hijo a darse cuenta de sus progresos colocando estrellitas o pegatinas en un calendario cada vez que sea capaz de llegar a tiempo al orinal o cuando no se levante de la cama en toda la noche.

Mojar la cama

■ Limita la ingestión de líquidos del niño después de la cena y evita que coma y beba chocolate, bebidas gaseosas u otros alimentos con cafeína. Son diuréticos y hacen que el pequeño orine más a menudo.

■ Acompaña a tu hijo al cuarto de baño antes de acostarlo, y despiértalo de nuevo antes de acostarte tú.

■ Cuando acompañes al niño al baño a media noche, deja que vaya andando. De este modo, estimularás lo suficiente su conciencia para controlar la vejiga durante la noche.

Cómo proceder en caso de «accidente»

■ Procura ser paciente con tu hijo. Muchos niños tardan bastante tiempo en completar el adiestramiento para el uso del baño. Al principio, los «accidentes» son muy habituales.

■ Después de un «accidente», sugiérele que colabore en las tareas de limpieza, ya sea cambiándose el pijama o ayudándote a pasar una toallita húmeda o papel higiénico por las sábanas. Implicarse ayuda a los niños a saber que lleva trabajo y tiempo limpiar un «accidente» fisiológico.

■ Recuerda que en ocasiones los «accidentes» se producen a causa de cambios estresantes en la vida del pequeño, como la llegada de un hermano o hermana recién nacida, modificaciones en el horario de trabajo de los padres, una mudanza, la muerte de algún familiar o cambios en el cuidado del niño en casa o en la guardería. Es probable que los «accidentes» remitan poco a poco a medida que tu hijo se vaya acostumbrando a los cambios.

■ Aunque es natural que los padres se sientan disgustados con los «accidentes», es muy importante intentar ser tolerante. A muchos niños también les entristece y les hace sentir mal cada vez que tienen un percance relacionado con las funciones corporales. No es aconsejable hacerles sentir excesivamente avergonzados, sino estimularlos a reaccionar mejor en la próxima ocasión.

■ Si crees necesitar ayuda adicional, podrías hablar con un cuidador o cuidadora infantil, un pediatra u otros padres. Si te preocupa el hecho de que los «accidentes» se estén prolongando demasiado, consúltalo con tu pediatra.

El recién nacido

«Estábamos muy excitados por comunicar a nuestro hijo de tres años el nacimiento de un nuevo miembro de la familia, pero nos cogió de improviso y con la guardia baja cuando preguntó: "¿Quién será la mamá de ese bebé?". Supongo que lo que nos estaba intentando decir era que necesitaba muchísimo apoyo de nuestra parte y una firme reafirmación de que seguiríamos siendo su papá y su mamá, y de que continuaríamos amándolo aun después del nacimiento del bebé.»

Para un hermano mayor, una familia está compuesta de tres personas: «mamá, papá y yo», y cuando llega un recién nacido y empieza a recibir una buena dosis de atención, puede seguir pensando que la familia es cosa de tres, pero ahora «mamá, papá y el bebé», sintiéndose marginado del triángulo familiar.

Es difícil compartir

Tanto si nace como si se adopta a un bebé, se producen innumerables cambios y se generan múltiples y diferentes sentimientos cuando llega a casa. Es natural que los niños muestren un cierto resentimiento. Incluso pueden enojarse con sus padres y decir cosas tales como «¡Devolved el bebé!» o «¡Os odio!». A cualquier edad es difícil compartir las personas a las que se ama.

A veces, los padres me dicen: «¡Oh, no! No tiene celos. Mi hijo quiere muchísimo al bebé». Pero lo cierto es que el amor puede mezclarse con los ce-

los. En ocasiones, los niños temen que sus padres dejen de quererlos si expresan sentimientos «negativos». ¡Menudo alivio para un niño saber que no es un problema enfadarse, sentirse triste o disgustado!, al tiempo que se le explica que no está bien hacer daño al pequeñín o a cualquier otra persona. Nuestros hijos necesitan tener la seguridad de que los queremos cuando experimentan sentimientos difíciles.

Actuar como un bebé

A veces, cuando hay un recién nacido en la familia, el hermano o hermana mayor parece experimentar un cierto retroceso en el desarrollo, chupándose de nuevo el pulgar, mojando la cama o volviéndose excesivamente delicados. Al fin y al cabo, son cosas que hacen los bebés, recibiendo así ía máxima atención.

Sería mucho más fácil que los niños pudieran decir: «Me siento muy disgustado porque habéis traído a casa otro bebé. ¿Acaso no era lo bastante bueno para vosotros? ¡Parece como si nadie me prestara la menor atención!». Pero en realidad, los niños pequeños son incapaces de usar las palabras para expresar sus sentimientos. Lo único que pueden hacer es experimentarlos y luego intentar liberarlos. Su enojo y su frustración pueden estallar de muchas formas que tal vez no den la sensación de estar estrechamente relacionadas con el recién nacido. Sin embargo, es útil recordar que cuando se producen cambios apreciables en el comportamiento de los hermanos mayores inme-

Un amigo mío me contó cómo presentaron a su hija de tres años, Crystal, al recién nacido que acababa de incorporarse a la familia. Para que aprendiera a jugar a ser la «hermana mayor» él y su esposa regalaron a la niña una muñeca bebé y se sintieron muy satisfechos de que la llevara consigo el día que la llevaron al hospital para ver a su hermanito por primera vez.

La pequeña Crystal descubrió al chiquitín en brazos de mamá e inmediatamente empezó a golpear con furia la muñeca contra la pared. Sus padres no tardaron en darse cuenta de lo que quería decirles. La madre de Crystal colocó al recién nacido en la cuna y dijo: «¿Sabes qué es lo que necesito ahora? Un abrazo». Soltando la muñeca, la niña se encaramó a la cama y se echó en sus brazos. Fue estupendo para ella comprobar que, a pesar de la llegada del nuevo bebé, seguía formando parte de la familia y que sus padres la querían.

diatamente después del nacimiento de un bebé, podemos tener la absoluta seguridad de que tienen algo que ver con su llegada.

Sentimientos ambivalentes de los padres

Algunos padres reconocen su propia ambivalencia cuando consideran la posibilidad de tener otro bebé. Dicen que de vez en cuando tienen la impresión de estar traicionando a su hijo mayor o se preguntan si serán capaces de criar a otro pequeñín. Saber que estos sentimientos son naturales y normales nos puede ayudar a encontrar las vías más adecuadas para afrontarlos.

La mayoría de las familias descubren que pueden pasar varios meses antes de que un niño se acostumbre a la presencia del recién nacido. Los mimos y las palabras cariñosas pueden ayudar a tu hijo mayor a superar la crisis. A largo plazo, con todos los altibajos de la vida familiar, los hermanos y hermanas suelen desarrollar una relación superespecial que los enriquece mutuamente.

Cuídate

¡No había suficiente que hacer cuidando de las necesidades cotidianas de la familia, y ahora, un bebé! Si estás exhausto y no te sientes en forma, tanto física como hormonalmente, es muy difícil mostrarse amable y paciente, y cuando tu hijo mayor se enoja con el recién nacido y contigo, puede herir tus sentimientos. Tu descanso es una de las cosas más importantes que te ayudarán a afrontarlo. Así pues, cuando el niño esté durmiendo, aprovecha para descansar. Con un poco de suerte, tal vez puedas recurrir a tus parientes y amigos cuando estés agotado y no puedas con tu alma. Se requiere mucha fuerza interior para reconocer que necesitas ayuda. No te preocupes, la gente que te quiere estará encantada de echarte una mano.

Consejos prácticos

Antes de la llegada del bebé

■ Quizá sea una buena idea esperar todo el tiempo posible antes de decirle a tu hijo que su hermanito está al llegar. Los niños pequeños no comprenden la medida del tiempo , y es muy duro para ellos esperar a que se produzcan acontecimientos a largo plazo.

■ Dile a tu hijo lo que se espera de un recién nacido: duerme mucho, luego llora, es incapaz de jugar o hablar, y los adultos tienen que hacerlo casi todo por ellos. Si conoces a otra familia con un bebé, podríais visitarlos para que el pequeño pueda ver directamente lo que es capaz e incapaz de hacer el chiquitín. Las «clases para hermanos» que en ocasiones organizan los hospitales para hermanos y hermanas mayores, también pueden resultar útiles.

Llegada a casa

■ Procura que tu cónyuge u otro familiar se encargue de traer a casa al recién nacido para que puedas dedicar toda tu atención a tu hijo mayor. Algunos padres se sorprenden cuando éste los recibe con un enojado «hola». Suele ser una forma de decir: «Os quiero mucho. Me disgusta que me abandonéis para querer a otro bebé».

■ Pasa el mayor tiempo posible con tu hijo mayor. Reserva momentos exclusivos «para ti y para mí», como por ejemplo cuando el bebé duerme. Si los niños saben que pueden contar con algunos ratos cara a cara a lo largo del día, es probable que se comporten mejor durante el resto de la jornada. Aprovecha los momentos más íntimos, incluso cuando estés haciendo algo tan simple como abrocharle la cremallera de la chaqueta, para decirle: «No importa lo que suceda. Siempre te querré».

■ Di a tu hijo mayor: «Tienes un lugar muy especial en nuestra familia, al igual que tu hermanito». Esto ayuda a los niños a saber que nunca nadie ocupará su lugar. En realidad, el pequeño incluso se podría sentir especialmente orgulloso de saber que fue él quien hizo de vosotros unos «padres» por primera vez.

■ Procura que tu hijo sepa que está bien enfadarse o disgustarse a causa del bebé, pero que no se le debe hacer ningún daño. A los niños les asusta muchísimo pensar que podrían hacer daño a su hermanito. En general, los recién nacidos no se pueden dejar al cuidado de los niños pequeños sin la supervisión de un adulto. Es esencial que comprendan que no vas a dejarles que lo lastimen, al igual que no permitirías que les hicieran daño a ellos.

■ Anima a tu hijo a buscar nuevas formas de expresar sus sentimientos acerca del bebé. Un muñeco o muñeca bebé constituye un regalo muy apropiado para el hijo o hija mayor. Tanto si se trata de un niño como de una niña, la muñeca puede estimularlo a imitar a papá o mamá cuidándolo. Pero no te extrañe que en ocasiones la golpee contra la pared o la arroje por los aires. También podrías descubrir innumerables sentimientos a través de los dibujos, juegos de guiñol, etc. Todas ellas son formas aceptables de expresar cómo se sienten; formas que no lastiman al bebé ni a nadie.

■ Ayuda a tu hijo a sentirse orgulloso de ser el mayor. Elógialo por todo lo que es capaz de hacer y que el pequeñín aún no sabe hacer, como andar, compartir golosinas, jugar y emplear las palabras para decir lo que piensa, hace o siente.

■ Implica a tu hijo en el cuidado del recién nacido, animándolo a cantarle o hablarle, cambiarle los pañales y jugar a «veo, veo». Demuéstrale tu satisfacción cuando el niño ha conseguido que el bebé deje de llorar o que se ría. Poder ayudar a papá y mamá a cuidar al pequeñín hace que los niños se sientan más adultos, útiles y especiales.

Adaptación a la guardería

«Un viernes, al dejar a mi hijo en la guardería, me dijo "adiós" y prácticamente me empujó para que me fuera. Pero cuando llegó el lunes siguiente, había cambiado por completo de actitud, llorando y aferrándose a mí. Su cuidadora me dijo que, al principio, algunos niños se sentían atenazados por sus miedos y sentimientos, y que al estar en casa el fin de semana se dan cuenta de lo bien que están con su familia. Me sugirió que en lugar de decirle que parecía necesitar que me quedara un poco más, sería útil decirle que era yo quien necesitaba pasar más tiempo allí por las mañanas. Durante las dos semanas siguientes, me quedé un poquito más, y el niño parecía sentirse mucho mejor cuando llegaba la hora de despedirnos. ¡Y yo también!»

Los niños se sienten seguros cuando están con la familia u otras personas a las que conocen bien. Muchos pequeños tienen verdaderos problemas cuando empiezan a ir a la guardería. Es un lugar nuevo para ellos y con gente desconocida. No es sino hasta los tres años que empiezan a adquirir un sentido de confianza respecto a la separación de los demás. No es de extrañar que durante los primeros tres años, la separación de los padres (las personas a las que el niño se siente más unido) pueda ser muy disgustante para ellos.

Confiar lleva tiempo

Es natural que lleve tiempo que los niños aprendan a sentirse seguros en el entorno de una guardería, y no pueden sentirse así hasta que confían en sus nuevos cuidadores y se sienten «relacionados» con ellos. Adquirir confianza requiere tiempo, y algunos niños tardan más que otros. Dado que al principio no comprenden la rutina del jardín de infancia, no saben cuándo regresarán sus padres ni tan siquiera si van a regresar. Cuando los niños aprenden, día a día, que sus padres van a recogerlos cuando les dicen que así lo harán, también están aprendiendo a confiar en que después de un período de separación volverán a estar juntos.

Los niños desarrollan poco a poco la capacidad de hacer frente a las transiciones cuando les aseguramos que, al principio, está bien sentirse triste o disgustado, y que con el tiempo se sentirán mejor y descubrirán diferentes cosas con las que divertirse. Si los adultos dicen a sus hijos que se comportan como un bebé por el hecho de llorar o estar triste, su disgusto puede ser aún más acusado. Por el contrario, si les decimos que sus sentimientos son naturales y normales, es más probable que afronten mejor la situación.

Crear rutinas de transición

Algunas familias utilizan rituales y rutinas para ayudar a sus hijos a suavizar en lo posible las transiciones. Las hay que tienen formas especiales de despedirse con palabras «secretas», gestos o abrazos. Muchos padres establecen la rutina de llevar personalmente a los niños a la guardería, ayudándolos a quitarse el abrigo, tranquilizándolos, dándoles un fuerte abrazo y recordándoles que volverán más tarde. Cuando el «adiós» significa «hasta luego», resulta mucho más llevadero.

Piensa en lo que ha ayudado a tu hijo a superar otras crisis en el pasado. Aunque cada situación es distinta, la transición a un jardín de infancia o a preescolar es similar a otras separaciones que ya ha experimentado, tales como acostarse, estar al cui-

*U*na madre nos contó su sorpresa ante la reacción de su hija cuando iba a recogerla los primeros días de guardería. Esperaba un feliz reencuentro, sobre todo teniendo en cuenta que a la niña le resultaba muy difícil despedirse por la mañana. Pero lo cierto era que su hijita de tres años se escondía debajo de una mesa y sólo salía después de mucho pedírselo. Su cuidadora le explicó que algunos niños parecen estar diciendo: «Aún estoy enfadado porque me has abandonado. Ahora seré yo quien te abandone», asegurando a la madre que su hija estaba muy contenta de verla aunque no siempre lo demostrara. A medida que la niña se fue sintiendo más segura en el jardín de infancia, sus «adiós» y sus «hola» se hicieron más cálidos, y no tardó en correr hacia mamá al término del día, abrazándose a sus piernas y hablándole de lo que había hecho.

dado de una canguro o jugar en casa de un amigo. Esta nueva separación también es muy parecida a las que se producirán en el futuro (marcharse de casa para ir a la escuela, etc.). El cuidado con el que ayudes al niño a adaptarse a la guardería o a preescolar refuerza los cimientos para las transiciones que tendrá que afrontar en los años venideros.

La separación también es difícil para los padres

Para muchos padres, el jardín de infancia es una necesidad, aunque incluso aquellos que deciden dejar a sus chiquitines al cuidado de extraños tienen un sinfín de sentimientos contrapuestos. La mayoría de los padres se sienten culpables o disgustados al pensar que se están perdiendo el júbilo de ayudar a sus hijos a aprender nuevas cosas y verlos cómo hacen esos descubrimientos cotidianos tan maravillosos en la infancia.

Existen muchas razones por las que es duro para los padres separarse de sus pequeños. En ocasiones, incluso resulta difícil adivinar quién tiene el mayor problema al decir adiós, el niño o el padre. Si comentas tus preocupaciones con el cuidador o cuidadora de tu hijo, te darás cuenta de que compartes aquellos mismos sentimientos con otros muchos padres. Saber que nuestros sentimientos son naturales y normales nos ayuda a sentirnos más confiados, lo cual, a su vez, contribuye a que nuestros hijos afronten mejor la situación.

Desarrollo de una relación personal

Asistir al establecimiento de un estrecho vínculo entre el niño y un nuevo cuidador puede despertar celos en cualquier padre, pero el amor entre un padre y un hijo no tiene parangón. Independientemente de lo unido que pueda estar un niño pequeño con otro cuidador, siempre será un tipo de vínculo diferente al que siente el niño hacia su madre o su padre. Nadie podrá jamás ocupar tu lugar.

Si has elegido una guardería de calidad, darás a tu hijo la oportunidad de aprender que existen otros adultos además de sus padres que lo quieren y en los que puede confiar. Una cosa es segura: para que el jardín de infancia constituya una parte positiva del crecimiento del niño, tanto los padres como los propios cuidadores de la guardería deben colaborar estrechamente. Es decir, tienen que ser «socios» a la hora de ayudar a los niños en su crecimiento.

Consejos prácticos

Antes del primer día de guardería

■ Visita el centro con tu hijo con anterioridad al día en el que tenga que incorporarse y pasad un ratito juntos observando a los demás niños haciendo sus actividades cotidianas. Se sentirá más seguro si estás a su lado y en consecuencia se mostrará más predispuesto a conocer a otras personas.

■ Deja que el niño vea que mantienes una relación amistosa con el cuidador. Si es posible, conversad y sonreíd con frecuencia. De este modo, el niño comprenderá que te gusta y que confiáis el uno en el otro.

■ Enseña a tu hijo todas las salas de la guardería, y en especial el cuarto de baño y la cocina. Así se dará cuenta de que, en muchos aspectos, el jardín de infancia es similar a su casa. Los niños se sienten más cómodos cuando hay cosas familiares en un lugar desconocido.

Cuando el niño empiece a ir a la guardería

■ Durante los primeros días quédate un ratito con tu hijo antes de despedirte. Podrías reducir gradualmente este período de tiempo día a día. Recuerda que algunos niños necesitan más tiempo para acostumbrarse a un nuevo entorno.

■ A algunos pequeños les gusta llevar consigo un peluche, su juguete favorito o su inseparable «mantita». Es reconfortante tener algo que forma parte de su casa aun en el caso de que el juguete esté guardado en una estantería.

■ Aunque al principio puede parecer más fácil marcharse sin decir adiós, en realidad puede hacer más difícil si cabe la separación. Al niño le resultará mucho más estresante esperar tu regreso.

■ No olvides que algunas veces tu hijo puede necesitar ayuda extra para adaptarse, como por ejemplo, después de un fin de semana en casa, de un par de días festivos, de una enfermedad, cuando hay un sustituto del cuidador o cuando el grupo se traslada a otra aula, aunque sea dentro del mismo centro.

■ Al término del día, algunos niños necesitan un poquito más de tiempo para dejar de jugar. Quédate un poco más y muestra interés por lo que está haciendo.

Visita al médico

«Las dos últimas veces que llevé a mi hija al médico, lloró desconsoladamente. Me preguntaba qué era lo que no le gustaba de visitar al médico, y al final me dijo que tenía miedo de que le pusieran una inyección. De manera que la próxima vez que tenga programado un chequeo, llamaré a la consulta con antelación para saber si van a vacunarla. Si no es así, podré asegurarle que en esta ocasión no va a ocurrir nada desagradable, y en el caso de que así sea, tendré tiempo de prepararla y tal vez pueda utilizar el kit del doctor para jugar a que me pone una inyección a mí o a sus muñecas.»

Aunque tu hijo haya ido al médico desde su nacimiento, y aun en el caso de que el doctor sea muy cariñoso con los niños, puede haber veces en las que un chequeo médico resulte particularmente desagradable. A medida que los niños van creciendo físicamente, también aumenta la conciencia de su propio cuerpo y su capacidad para recordar pasadas experiencias dolorosas. Al mismo tiempo, en estos años preescolares, tienen un sinfín de fantasías y falsos conceptos.

Fantasías infantiles

Algunos padres se preguntan por qué sus hijos se disgustan cuando un profesional de la medicina les examina los oídos con un otoscopio, escucha los latidos de su corazón con un estetoscopio o le saca radiografías. Probablemente sea debido a que, a menudo, los médicos pueden «ver» u «oír» lo que están pensando y sintiendo cuando les examinan su corazón o interpretan una radiografía. Es importante que los pequeños sepan que ningún equipo puede captar lo que están pensando o sintiendo. Los pensamientos y sentimientos de la gente son exclusivos, y pueden compartirlos con quienes deseen únicamente cuando así quieran hacerlo.

Una de las fantasías infantiles más comunes es que todo lo que está debajo de la piel podría salir si se pincha o se corta. A algunos niños les preocupa la posibilidad de que todo su «interior» pueda salir expulsado al exterior cuando se hacen un pequeño corte. Hay que explicarles que esto es imposible. También debemos asegurarles que el médico o la enfermera sólo le sacarán un poquito de sangre durante los análisis. Los pequeños también deben comprender que aun después de haberle sacado una muestra de sangre, todavía queda mucha en el cuerpo y que la herida cicatrizará enseguida, evitando que siga saliendo la sangre. También puedes tranquilizar a tu hijo aplicándole un vendaje. De este modo, se convencerá de que todo lo que hay dentro de su cuerpo permanecerá donde se supone que debe estar.

Preparación cuidadosa

A los niños no les gusta que los examinen y toqueteen, sobre todo cuando el examen y el toqueteo se produce inesperadamente. Y como es natural, tampoco les gusta sentir dolor. Las inyecciones duelen, aunque sólo sea durante un instante; los estetoscopios suelen estar muy fríos; y los equipos para la toma de la presión sanguínea casi siempre provocan un hormigueo en el brazo. Todo el mundo es más capaz de afrontar una situación desagradable si está preparado y es consciente de lo que puede y no puede doler.

Cuando los niños descubren que hemos sido sinceros con ellos al prepararlos para este tipo de experiencias, no sólo confían mucho más en nosotros, sino también en los doctores, enfermeras y otros profesionales médicos. Esta confianza les resultará muy útil durante toda la vida, pues empezarán a asumir la responsabilidad de cuidar de su propia salud.

Preocupaciones de los padres

Los padres también pueden experimentar una cierta ansiedad cuando llevan a su hijo

*Para los programas del **Vecindario** grabamos un vídeo para explicar a los niños en qué consistían las tareas que se realizaban en un Servicio de Urgencias por si alguna vez tenían que acudir a uno. Antes de poner en marcha las cámaras, uno de los pequeños me contó lo que le había sucedido a un amigo suyo en un Servicio de Urgencias. Me dijo que se había caído por las escaleras, que se había hecho un corte en la cabeza y que casi se le sale el cerebro. ¡Con frecuencia, las fantasías de los niños acerca de lo que les puede suceder son mucho más aterradoras que la realidad!*

al médico. Una de las responsabilidades fundamentales de la paternidad es asegurarse de que sus hijos están sanos. Así pues, cuando el doctor nos dice que el pequeño se está «desarrollando con normalidad», nos sentimos aliviados, satisfechos y convencidos de que somos unos «buenos padres». Pero también puede ocurrir que el médico advierta algo relativamente preocupante. Además de las preocupaciones derivadas de la salud física del niño, las palabras «Algo anda mal» se traducen con una excesiva facilidad en «Algo anda mal con mi estilo de paternidad».

Es importante mantener una relación de confianza con los miembros del equipo médico que atienden a tu hijo. Debes sentirte a gusto con la forma en la que responden a tus preguntas y preocupaciones, y confiar en que estás ofreciendo al niño el mejor cuidado médico posible.

Superando el miedo a las inyecciones

A menudo los padres me comentan que tienen pánico de las visitas al pediatra con sus hijos, pues tal vez necesiten alguna que otra vacuna. Incluso pueden sentirse culpables por el hecho de cooperar con el doctor infligiendo ese «daño» a sus pequeños. Muchos padres tienen miedo de que sus hijos se disgusten si les hablan con antelación del examen al que deberán someterse y sobre todo de la «inyección». Pero lo cierto es que hay formas apropiadas de hablar de estas cosas y formas de ayudar a los niños a afrontarlas. Podrías sugerir a tu hijo que intentara pensar en ideas que puedan simplificar la aceptación del «pinchazo». Tal vez sentándolo en tu regazo, aferrándose a su «mantita» favorita, cantándole una canción en voz alta o llevando consigo un animalito de peluche o una muñeca bebé, simulando que primero van a vacunarla a ella. Tam-

bién puede resultar útil recordarle que el pinchazo de la inyección sólo duele un instante, y que luego el dolor desaparece. Asimismo, podrías explicarle que una inyección sirve para introducir en el cuerpo determinadas medicinas que funcionan mejor cuando se administran mediante este método. Algunos fármacos son de ingesta oral, otros con parches y otros, en fin, por medio de inyectables. Los médicos y enfermeras saben perfectamente cuál de estas formas de administración son más adecuadas para nuestra salud. Los niños no necesitan explicaciones elaboradas, sino que en general suelen sentirse más que satisfechos con respuestas simples y sinceras. ¡Si proporcionas a tu hijo algunas «herramientas» especiales, conseguirá afrontar mejor una experiencia difícil!

Ni que decir tiene que no podemos anticipar todo lo que va a ocurrir en la consulta médica, pero por lo menos podemos ser honrados acerca de lo que conocemos. Los niños confiarán cada vez más en nosotros si se dan cuenta de que estamos haciendo todo lo posible para prepararlos antes de someterse a una experiencia desagradable.

Consejos útiles

Antes de ir al médico

■ Habla amistosamente con los médicos y enfermeras para que tu hijo se dé cuenta de que los profesionales de la salud forman parte de «tu equipo». Asimismo, a los niños les gusta saber que en su día los doctores y las enfermeras también fueron niños, que saben lo que significa ser niño y que estudiaron durante mucho tiempo para aprender a mantenerlos sanos. Es probable que tu hijo también se sienta aliviado si descubre que algunos médicos y enfermeras son padres y madres y que tienen niños a los que cuidan y aman.

■ Un día antes de acudir a la consulta médica, menciónaselo a tu hijo. Háblale del equipo clínico, de los posibles procedimientos e incluso de la sala de espera, procurando que comprenda perfectamente que vas a estar a su lado en todo momento.

■ Anima al niño a jugar a los médicos con los peluches u otros miembros de la familia. Durante el juego, los pequeños asumen el control de la situación –son los doctores– y por lo tanto no se sienten indefensos. Mientras juegan, a menudo «representan» o ensayan los procedimientos, lo cual les ayuda a modelar sus sentimientos.

En la consulta del doctor

■ Si no hay juguetes en la sala de espera, llévate de casa algunos juguetes pequeños, un bloc y un lápiz, y tal vez alguna que otra golosina.

■ Sugiérele la posibilidad de llevar consigo su «mantita» o un peluche. Este tipo de cosas resultan muy reconfortantes para los niños.

■ A algunos pequeños les disgusta desnudarse; se sienten demasiado vulnerables. Por otro lado, es posible que estén desarrollando una creciente necesidad de intimidad corporal.

Después de la visita al médico

■ Cuando haya finalizado la visita y estéis camino de casa, anima a tu hijo a hablar de lo sucedido. Una vez en casa, es posible que también quiera contárselo a los demás miembros de la familia. Conversar abiertamente sobre la visita puede resultar muy útil. El mero hecho de comentar cualquier cosa que pueda ser difícil para los niños puede hacer mucho más fácil de afrontar la situación.

■ Jugar a médicos o a dentistas después de una visita es tan importante como hacerlo antes de la misma. Con mucha frecuencia, los adultos superan mejor las experiencias estresantes hablando de ellas, pero los niños pequeños, además de hablar, deben jugar y hacer dibujos. Es muy probable que deseen reconfortar a sus muñecas y peluches al igual que tú les reconfortas a ellos.

Visita al dentista

«Durante su primera visita dental, nuestro hijo de tres años estaba tan nervioso que ni siquiera dijo "hola" al entrar. Pero después de que el médico le mencionara algo relacionado con lo fría que estaba el agua mientras se lavaba las manos, el pequeño empezó a charlar con él. Fue como si de pronto se hubiese dado cuenta de que el dentista no era una criatura tan espantosa como había imaginado ¡y que al igual que sus pacientes, también tenía sentimientos reales!»

Una de las primeras formas con las que el ser humano aprende acerca del mundo que lo rodea es a través de la boca. A decir verdad, nuestro primer placer nos llega por la boca: la experiencia de esa leche materna nos influirá para siempre. A lo largo de la vida utilizamos la boca para comer, hablar, expresar los sentimientos y demostrar afecto.

«Cuéntamelo»

No es de extrañar que los niños se preocupen cuando tienen que acudir a la consulta del dentista. Es un lugar en el que alguien no sólo les examina la boca, sino que también introduce los dedos y diversas herramientas en ella. Al igual que ocurre con cualquier otra nueva experiencia, es útil preparar a los niños para que sepan a qué atenerse. Confiarán cada vez más en nosotros si se dan cuenta de que cuanto les decimos es verdad.

Ayuda mucho a los niños enterarse con antelación de algunas de las cosas desconocidas que tendrán la oportunidad de ver en la consulta médica, tales como la luz inten-

sa, la silla que sube y baja, la bandeja del instrumental, las pequeñas mangueras de aire o de agua que actúan a modo de aspiradora que limpia la boca... A menudo, son las pequeñas cosas que los adultos dan por sentadas las que pueden resultar más preocupantes para un niño. Así, por ejemplo, cuando les cuelgan el babero del cuello pueden preguntarse si van a convertirse de nuevo en un bebé. La luz intensa y que les deslumbra los ojos también podría disgustarlos.

En general, durante la primera visita, al dentista le bastará con un rápido examen de la dentadura de tu hijo, contar los dientes y probablemente recomendar un simple procedimiento de limpieza. Dado que estos especialistas no suelen realizar «tratamientos» en la primera visita, es una buena oportunidad para que los niños se acostumbren a sentarse en la silla y a ver qué tal resulta eso de que un extraño les examine la boca.

Controlar el impulso de morder

Muchos niños pequeños tienen que hacer un gran esfuerzo para reprimir su impulso natural de morder, y un examen dental puede poner a prueba su antocontrol. Morder constituye la forma con la que los niños dicen: «Estoy enfadado», y puede ser la única manera de expresar su desagrado hasta que son capaces de utilizar bien las palabras. Incluso los que han aprendido a controlar su impulso de morder pueden sentirse enojados cuando alguien les obliga a abrir la boca y no desean hacerlo. Saben que no deberían mor-

Querida hada de los dientes:
Aquí está mi diente. Se me cayó esta mañana en la escuela. Es uno de los dos dientes delanteros superiores. Ya se movía desde hacía algún tiempo. La profesora lo ha guardado en un sobre. Aquí está.
Te quiero, Becca.

La mamá de Becca me contó la tradición familiar de dejar notas al «hada de los dientes». Dijo así: «Cuando nuestros hijos eran pequeños, siempre celebrábamos con mucha alegría la caída de un diente; después de todo, había formado parte de ellos. El "hada de los dientes" siempre les enviaba una nota de agradecimiento. ¡Creo que estas notas les gustaban tanto como las monedas que las acompañaban!». Lo cierto es que con o sin «hada», existen muchísimas formas de dar a un diente la importancia que merece, como anotar la fecha en una «tabla de crecimiento» o utilizar un plato o un vaso especial a la hora de la cena cuando el niño tiene algo que celebrar.

der, pero no están seguros de poder controlar este sentimiento. Podrían tener miedo de lastimar a alguien que ha introducido los dedos en su boca.

Cuidando de uno mismo

Durante su vida, los niños visitarán a innumerables profesionales de la sanidad, y poco a poco irán comprendiendo que al fin y al cabo lo que hacen es por su propio bien. De ahí que quieran comer alimentos saludables, lavarse con regularidad y hacerse chequeos. Si advierten que hay personas dispuestas a cuidar de ellos, las probabilidades de que se conviertan en adultos que asuman la responsabilidad de cuidar de sí mismos aumentan.

Confianza entre los padres y los dentistas

Puede ser difícil para algunos padres ayudar a sus hijos a adoptar actitudes positivas en relación con el dentista cuando ellos mismos tienen que afrontar sus propios recuerdos y preocupaciones (taladros, agujas, dolor, etc.). Ni que decir tiene que la odontología moderna es diferente de la de cuando éramos niños. Hoy en día, la mayor parte de la rutina dental que necesita un niño es prácticamente indolora.

Es fundamental que tranquilices a tu hijo; si te muestras sereno y confiado con el dentista o higienista bucal y estás a su lado en todo momento, le estarás ofreciendo un excelente apoyo emocional.

Cuando los niños empiezan a tener contacto con los procesos dentales, la mejor ayuda que les puedes proporcionar es una relación de confianza con el profesional. De ahí que sea tan importante elegir un dentista que sepa cómo tratar a los niños y satisfacer sus necesidades. Si tú, como padre, te sientes a gusto con un determinado especialista, las probabilidades de que tu hijo se sienta confiado y genere sentimientos positivos serán mucho mayores.

Consejos prácticos

■ Explica a tu hijo lo que debe esperar en la visita al dentista. Háblale de aquella silla tan divertida y del instrumental dental, como por ejemplo, el pequeño espejo, el cepillo de dientes eléctrico y el chorro de agua para enjuagar la boca. También podrías buscar algún libro relacionado con las consultas dentales para que el niño pueda familiarizarse con algunos elementos del instrumental. Asimismo, debe saber que cada consulta es diferente y que no tendrá el mismo aspecto que la del libro.

■ Explica a tu hijo qué es la sala de espera. Sería una buena idea llevar un par de juguetes pequeños o un bloc por si en la sala no hubiera nada con que jugar y tuvierais que esperar un poco antes de entrar en la consulta.

■ Anímalo a jugar con una muñeca o un peluche simulando que es el dentista. Cuando los niños juegan a ser el dentista, controlan la situación y es posible que no se sientan tan indefensos cuando llegue la hora de ser el paciente.

■ A ser posible, antes de la cita en la consulta del dentista, llévalo contigo cuando te hagan una limpieza bucal para que sepa en qué consiste.

■ Si crees que tu hijo se puede sentir especialmente disgustado durante una visita al dentista, merece la pena llamarlo con antelación y comentárselo. A los dentistas les gusta conocer de antemano tus preocupaciones o las del pequeño.

Cuidado de los dientes en casa

■ La clave para disfrutar de una dentadura sana es cepillarse los dientes a diario. Los niños pequeños no saben cómo hacerlo; ayúdalos. Anima a tu hijo a empezar a cepillarse los dientes, aunque tengas que terminar personalmente la tarea. Enséñale también a utilizar el hilo dental. A menudo, a los niños les encanta cepillarse los dientes y usar el hilo dental, pues tienen la sensación de estar haciendo cosas de «adultos».

■ Anima al niño a comer y beber alimentos tales como leche, fruta y verduras, ya que contribuyen a mantener unos dientes fuertes y sanos. Entre comidas, a modo de tentempié, es cuando resultan más eficaces.

■ Háblale de la diferencia entre los alimentos que son saludables (fruta, verduras, etc.) y de los que sólo se deben consumir ocasionalmente (caramelos, dulces, golosinas, etc.).

■ Anima a tu hijo a cepillarse y enjuagarse los dientes después de cada comida, sobre todo cuando haya tomado alimentos dulces.

¡A la guardería!

«Uno de los niños de los vecinos dijo a nuestra hija que tenía que saber el abecedario antes de empezar la escuela. Estaba muy asustada. Para sugerirle una imagen más positiva, después de hablar con ella de sus miedos, empezamos a jugar a la "escuela" en casa, dejando que fuera ella la maestra. Fue fascinante comprobar qué tipo de maestra fingía ser. Aquello me ayudó muchísimo para hablarle de cómo eran algunos de los maestros que tuve de niña y de algunas de las cosas que más me gustaba hacer en la escuela.»

La mayoría de los niños están ansiosos por aprender e integrarse al mundo de los niños mayores que ya van a la escuela. Pero al igual que ocurre en otro muchos pasos en la vida, empezar a ir a la escuela puede despertar sentimientos muy diversos. Algunos pequeños incluso imaginan que ir la escuela es una especie de castigo. Se preguntan si de algún modo han dejado de ser tan importantes como antes y que ésta es la razón por la que se les «manda» a la escuela. Por otro lado, pueden sentirse celosos de sus hermanos o hermanas menores, que pasan todo el día jugando en casa.

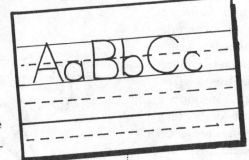

Falsas interpretaciones de los niños acerca de la escuela

Algunos niños tienen miedo de ir a la escuela porque no saben leer ni trabajar con los números, y creen que deberían saber todas estas cosas antes de empezar. A otros les preocupa que no haya tiempo para el juego cuando van a la escuela o no saber cuándo llegará la hora de regresar a casa. También podría preocuparles qué sucedería si no prestaran atención al maestro o qué deberían hacer si tuvieran ganas de ir al baño. Es esencial animarlos a hablar de sus preocupaciones o temores para poder responder a sus preguntas, corregir sus falsas interpretaciones y ofrecerles expectativas más realistas.

Dales a entender que ir a la escuela es como descubrir un nuevo mundo, pero un mundo que no es totalmente desconocido. Cuanto más ayudemos a nuestros hijos a que comprendan hasta qué punto se parece la escuela al hogar, más fácil resultará la transición. Al igual que en casa, en la escuela hay sillas en las que sentarse, lugares en los que jugar, una cocina, un cuarto de baño y adultos (maestros) que cuidan de los niños.

Un paso adelante, un paso atrás

Cuando los niños no saben qué pensar de una nueva experiencia (guardería, etc.), es habitual que se comporten de formas muy parecidas a las de cuando eran mucho más pequeños (aferrarse a sus cuidadores más estrechamente de lo común, chuparse de nuevo el dedo pulgar o incluso olvidar el adiestramiento para el uso del baño de vez en cuando). Conviene recordar que a menudo estos pasos hacia atrás se producen antes de dar grandes pasos hacia delante en el desarrollo infantil.

También es difícil para los padres

A los padres también les resulta muy difícil que sus hijos vayan a un jardín de infancia. Puede ser muy duro afrontar el hecho de que «mi chiquitín» está creciendo. Muchos padres tienen serias dificultades para dejarlos en la escuela, sobre todo los primeros días. ¡Incluso es posible que recuerden la angustia de sus primeros días de separación de sus padres! No es pues de extrañar que abunden las madres y los padres llorosos cada año al iniciarse el curso escolar.

Independientemente de lo bien que le estén yendo las cosas a tu hijo en la escuela o en la guardería, puede resultar muy útil tomarse el tiempo necesario para conocer a su maestro o maestra. Los niños se dan

*E*n una ocasión, Eric, un niño de cinco años, me preguntó: «¿Es bonita la escuela? ¿Es divertida?». Le dije que todas las escuelas eran diferentes, pero que los maestros son personas que cuidan de los niños e intentan que todo se desarrolle de la forma más positiva para ellos en el aula. También le dije que algunas cosas en la escuela pueden ser divertidas y emocionantes, pero que existe otro tipo de diversión que es mucho más tranquila y que ofrece a los niños la oportunidad de pensar, trabajar y aprender. En realidad, uno de los mejores sentimientos que se pueden experimentar en la vida es el de sentirse orgulloso de lo que se ha aprendido tras haber trabajado con ahínco para comprenderlo. Si podemos ayudarlos a pensar en el trabajo duro como en una forma distinta de «diversión», es más probable que encuentren la energía necesaria para seguir intentándolo y que descubran el gozo de conseguir algo que les ha supuesto un considerable esfuerzo.

cuenta enseguida cuando todos trabajan unidos «en el mismo equipo». Si tienes una buena relación con el maestro, es probable que te sientas más cómodo hablando con él acerca de los progresos o preocupaciones especiales de tu hijo.

Preguntar y responder

A medida que los niños van afrontando los diferentes desafíos escolares, puede ayudarles saber que los adultos están plenamente dispuestos a prestar atención a sus comentarios sobre lo que ha hecho durante el día. Los pequeños deben comprender que sus padres tienen un especial interés en saber lo que sucede en la escuela o guardería y que su familia se siente muy orgullosa de la forma en la que está aprendiendo.

Como es lógico, puede haber días en los que los niños no deseen hablar de la escuela, pero si lo has escuchado en otras ocasiones, tu hijo confiará en que vas a estar dispuesto a hacerlo de nuevo cuando esté preparado para ello.

Compartir tus propias experiencias

Con frecuencia, ayudar a un niño a prepararse para la escuela nos evoca sentimientos de la infancia. Independientemente de cuáles sean aquellos sentimientos, si podemos aceptarlos sinceramente y compartirlos con nuestros hijos, tendremos la ocasión de disponer, tanto ellos como nosotros, de una nueva oportunidad para crecer. «Yo también me sentía así de niño. Cuéntame más cosas del día que has pasado», es una forma excelente de empezar a trabajar en un nuevo tipo de crecimiento personal.

Consejos prácticos

Antes del primer día de escuela

■ Intenta encontrar un equilibrio entre el conocimiento de los miedos de tu hijo y hablar de la escuela y los maestros de una forma cálida y positiva. Podrías preguntarle cómo cree que será la escuela para poder así aclararle las falsas interpretaciones.

■ Si es posible, llama a la escuela y concierta una visita para que tanto tú como el niño podáis conocer al maestro y familiarizaros con el edificio, el aula y otros lugares, tales como el gimnasio, el patio, la cocina y los lavabos. Puede resultar muy reconfortante para tu hijo saber que muchos maestros son padres, e incluso abuelos, que también fueron niños y que tuvieron que esforzarse de firme y aprender innumerables cosas para convertirse en maestros.

■ Ayúdalo a entablar amistad con otros niños del vecindario que vayan a la misma escuela. Podrías concertar una «cita de juego» con otro niño que vaya a la misma clase para que por lo menos tu hijo conozca a alguno de sus compañeros de clase el primer día.

■ Prepara al niño para algunas de las reglas que rigen en la escuela. Dile que a menudo los maestros establecen reglas para ayudar a los niños a aprender ordenadamente. Una regla muy común es levantar la mano y esperar a ser llamado antes de hablar. De este modo, el maestro tiene la seguridad de que todos tienen su turno.

■ Ayuda a tu hijo a aprender la dirección y el número de teléfono familiar. Escríbeselo en un papel y pégalo en el interior del plumier o de la mochila. Se sentirá más seguro si sabe que dispone de esta información.

■ Realizad el trayecto de ida y vuelta de la escuela para que el niño se familiarice con la ruta. Asimismo podrías presentarlo al guardia que regula la circulación en el cruce o al conductor del autobús escolar. A menudo, estas personas se convierten en verdaderos amigos.

Inmediatamente antes de que empiece la escuela

■ Para que la hora de levantarse resulte más liviana, prepara las cosas la noche anterior (almuerzo, prendas de vestir, la mesa para el desayuno, etc.).

■ Envía a tu hijo a la escuela con palabras reconfortantes, tales como «Que tengas un buen día», en lugar de advertencias como «Pórtate bien y procura ser el mejor».

■ Si le preparas un bocadillo para el desayuno o el almuerzo, procura incluir una nota cariñosa o un pequeño juguete. Las cosas de casa pueden resultar muy tranquilizadoras cuando el pequeño siente nostalgia de su hogar. Algunos padres pegan una fotografía familiar en la fiambrera a modo de recordatorio de que quienes lo quieren desean estar de nuevo a su lado al término del día.

Al salir de la escuela

■ Anima a tu hijo a hablar de las actividades del día y presta la máxima atención a sus palabras. Formúlale preguntas tales como «¿Qué ha sido lo más divertido y lo menos divertido?» o «¿Qué ha sido lo más fácil y lo más difícil?». No olvides que con frecuencia a los niños les encanta exagerar lo «malos» que otros niños han sido con ellos o lo «desagradable» que fue el maestro. Intenta recordar lo que sentías tú.

■ Si te cuenta que algo le resultó muy difícil en la escuela, dile que comprendes que hay cosas que resultan difíciles de hacer, que estás orgulloso de que lo haya intentado y que mañana será un nuevo día probablemente mejor.

Situaciones especiales

En la vida, algunas cosas son especialmente difíciles de afrontar y de hablar de ellas, tanto para los adultos como para los niños. Al parecer, las más complejas están relacionadas con una pérdida. Aunque casi siempre «marcharse» va seguido de «regresar», hay veces en que no es así, como en el caso de la muerte de un ser querido, un divorcio o la mudanza a una nueva casa. Cuando una pérdida es permanente, los niños pueden sentirse muy enojados y experimentar una profunda tristeza acerca de lo que se ha marchado o de quien se ha marchado.

Si somos capaces de ayudarlos a hablar de sus «preocupaciones» y sentimientos, se darán cuenta de que no están solos, que sus pensamientos son normales y que existen innumerables formas positivas de hacer frente a lo que podrían estar pensando o sintiendo. Cuando se habla, las cosas resultan mucho más fáciles de «digerir». ¡Menudo alivio supone para los niños aprender a hablar de sus propios sentimientos y jugar con ellos! Si consigues hacerlo cuando son pequeños, disfrutarán de este «regalo» durante toda la vida. Cuando soplan vientos desfavorables, este regalo interior puede marcar la diferencia entre doblarse y romperse.

Mudanzas

«¡Pues vaya que sí! ¡Quedamos muy sorprendidos por la forma en la que reaccionó nuestro hijo ante la mudanza! Estábamos preocupadísimos por saber cómo influiría en nuestro pequeño de segundo grado, pues tenía que separarse de los amigos y maestros que tanto quería en la escuela. Pero curiosamente, se adaptó bastante bien. ¡En realidad, era su hermano menor quien parecía más afectado!»

A algunos adultos y niños les atrae la aventura de vivir en una nueva casa. Otros, en cambio, tardan más tiempo en adaptarse. Una mudanza puede resultar especialmente dura para los niños pequeños, pues consideran su hogar y las cosas de su entorno como una parte de sí mismos. Para los pequeñines, «mío» es «yo», y se sienten muy apegados a su cama, a la ventana de su dormitorio e incluso a las escaleras. A menudo, cuando la familia se muda, los niños tienen la sensación de que una parte de ellos queda atrás.

Sentimientos derivados de una mudanza

Algunos padres se muestran reacios a comentar los aspectos negativos relacionados con la mudanza, convencidos de que si no mencionan cuán triste resulta abandonar la casa, sus hijos tampoco se sentirán tristes. Pero es natural que todos experimenten un sentimiento de tristeza ante una mudanza. Si nos limitamos a hablar de lo positivo que entraña y no nos referimos a los factores descorazonadores, los niños pueden pensar que sus sentimientos de tristeza resultan inapropiados. Pero si les damos a entender que es muy natural sentirse triste y feliz en relación a una misma situación, como en el caso de una mudanza, es probable que sean capaces de descubrir algún que otro aspecto positivo en ella.

Una vez, cuando mi familia tuvo que mudarse de domicilio, dije a mis hijos que muchísima gente experimentaba sentimientos «ambivalentes» acerca de una misma cosa: felicidad y tristeza. ¡Los niños comprendieron este término y lo hicieron suyo! «Me siento francamente ambivalente en cuanto se refiere a esta mudanza», decían con frecuencia –como un código–, que lógicamente significaba «No me gusta todo lo que entraña, pero tampoco creo que todo sea tan malo como parece».

Los pequeños también pueden estar enojados por todos los cambios que se producen. A decir verdad, el enfado es una reacción natural ante una pérdida. Es importante que hagamos cuanto esté en nuestras manos para encontrar formas constructivas de afrontar su enojo, animándolos a usar palabras, realizar un diseño de plastilina o componer una canción o inventar un baile. Al igual que ocurre en otros momentos de enfado, podemos darles a entender que es correcto estar enojado, pero que no lo es herirse a sí mismo o a los demás. Estos límites pueden resultar muy reconfortantes para los niños. Si no les dejas que hieran a nadie, acabarán comprendiendo que tampoco vas a permitir que se hieran a sí mismos.

Linda es una ex compañera de universidad, y hace algunos años me contó esta historia acerca del comportamiento de su hija cuando se mudaron.

Linda, su marido y Whitney llegaron a su nuevo hogar antes que la furgoneta de las mudanzas. Al entrar, la niña se aferró a las piernas de papá y mamá, insistiendo en que no debían apartarse de su lado bajo ningún concepto y en ningún momento. A pesar de la atención que le prestaron, la pequeña no dejaba de llorar. No había duda, se sentía muy infeliz... y también nosotros.

Pero cuando por fin llegó la furgoneta, el comportamiento de Whitney cambió por completo. Allí estaba el mobiliario de su antigua casa y aquel viejo sofá que tanto le gustaba. Por el sonido de su parloteo era evidente que estaba manteniendo una reunión con un viejo e importante amigo: «¿Cómo estás? ¡No sabes cuánto te he echado de menos! ¡Estoy tan contenta de que estés aquí!». Aun así, la pequeña seguía teniendo un sinfín de sentimientos que afrontar en relación con la mudanza, pero desde el instante en que el sofá estuvo instalado en la sala de estar se sintió mucho más tranquila, empezando a dar sus primeros pasos emocionales hacia la aceptación de su nuevo hogar.

Comprensión de los contratiempos temporales

Cuando los niños sufren el estrés normal derivado de una mudanza de casa, una de las formas más habituales de reaccionar consiste en la regresión, es decir, en convertirse en más dependientes, más apegados a sus padres, más propensos a tener rabietas, y a succionarse los pulgares y llorar, perdiendo a menudo las habilidades que acababan de adquirir, tales como el adiestramiento para el uso del baño o dormir toda la noche. La regresión constituye su forma de mostrar que desean volver atrás hasta un tiempo más seguro y confortable. En general, la regresión es un contratiempo temporal que se prolonga hasta que el nuevo lugar se convierte en un verdadero hogar.

También los padres se estresan

En cualquier lista de «motivos de estrés» en la vida adulta las mudanzas ocupan uno de los primeros puestos. ¡Hay tanto que hacer y tanto que sentir! Aunque existan algunas cosas emocionantes en el traslado a un nuevo domicilio, casi siempre se experimenta una cierta ambivalencia.

Aun en el caso de que los padres tengan sentimientos de tristeza y enojo, si procuran adoptar una postura optimista acerca de la mudanza, existen más probabilidades de que los niños compartan su entusiasmo. Claro está que nunca deberíamos ocultar nuestros auténticos sentimientos a los niños, fingiendo sentir algo que en realidad no sentimos. Una de las cosas más importantes y útiles que podemos hacer si estamos enfadados o tristes es procurar que los niños no tengan la impresión de que nuestro enojo o tristeza es culpa suya. Deben saber que se les quiere y que juntos intentaremos que la mudanza sea lo más llevadera posible. Saber que «pertenecen» y que sus padres cuentan con ellos durante cualquier período de transición puede propiciar un extraordinario impulso en el crecimiento de su sentido del yo. Con el tiempo, todos los miembros de la familia superarán a su manera o a su ritmo las consecuencias de la mudanza.

Consejos prácticos

Antes de la mudanza

■ Los niños pueden realizar falsas interpretaciones en relación con lo que se trasladará y no trasladará a la nueva casa. ¡Algunos creen que las cosas importantes, como la bañera o la cocina, les acompañarán! Cuando hables de las cosas que os llevaréis y las que se quedarán en la antigua casa, deberías hacer un especial hincapié en el equipa-miento (bañera, cocina, etc.) que les está esperando en su nuevo hogar. Por otro lado, deberías asegurarles que las cosas que os lleváis se empaquetarán cuidadosamente en cajas para el viaje.

■ Si es posible, visita la nueva casa con tu hijo, y si no, procura mostrarle algunas fotografías, explicándole dónde distribuiréis el mobiliario en las nuevas habitaciones.

■ Ayuda al niño a preparar una caja o bolsa para sus juguetes o prendas de vestir preferidas y llevárosla en el coche o el avión. De este modo, tendrá la seguridad de que aquellas pertenencias no van a quedarse atrás.

■ Coméntale lo que va a ocurrir el día del traslado, animándolo a jugar a las mudanzas. Una caja vacía o un camión de juguete puede simular el furgón de las mudanzas. Cuando los niños juegan, controlan la situación. Asimismo, jugar también les da la oportunidad de «ensayar» algunos de sus sentimientos acerca de la mudanza. Este tipo de actividad también puede resultar muy útil después del traslado. Aunque los adultos usen las palabras para hablar de los problemas y del estrés derivado de la mudanza, los pequeños suelen expresar sus sentimientos a través del juego.

En la nueva casa

■ A ser posible, deja que tu hijo decida algunas cosas respecto a su dormitorio, como por ejemplo el color de la pintura o dónde se debería colocar la cama o la estantería. Incluso las pequeñas decisiones, tales como dónde poner ciertos juguetes o un póster, pueden ser importantes para él. Por otro lado, se sentirá mucho más seguro si organizas primero su habitación.

■ Encárgale que desempaquete cosas simples y que las coloque en su sitio. A los niños les gusta saber que son útiles.

■ Con el frenético trabajo que conlleva una mudanza, puede ser difícil que el niño encuentre cosas divertidas que hacer. Veamos algunas ideas:

Organiza un picnic sobre una manta o sábana en una habitación vacía

Prepara su almuerzo y guárdalo en una fiambrera.

Acondiciona un rincón cálido e íntimo con una manta o un saco de dormir para que descanse.

■ Ayuda a tu hijo a permanecer en contacto con los viejos amigos enviando dibujos, escribiendo cartas, mandando e-mails o haciendo llamadas telefónicas. Es posible que de vez en cuando le apetezca volver a ver las fotos de la gente, lugares y cosas de su antiguo vecindario. Podrías confeccionar un álbum especial de fotografías.

■ Procura que el niño sepa que algunos nuevos vecinos se aproximarán a la casa para ver quién se está mudando. La llegada de un camión de mudanzas suele atraer a familias con hijos. Todos quieren conocer a los nuevos vecinos –«Tal vez haya algún amigo mío»–. Ten a mano una caja de galletas para ofrecer a los visitantes. La hospitalidad es fundamental a la hora de hacer amigos.

■ Visita los lugares de tu comunidad en los que se reúnen las familias, tales como la biblioteca o el parque infantil. De este modo, tu hijo tendrá la oportunidad de hacer nuevos compañeros de juego. Los nuevos amigos pueden hacer que un nuevo lugar se parezca más a un verdadero «hogar».

Adopción

«En la actualidad, nuestro hijo adoptado tiene un añito y estamos intentando concretar cuándo será el mejor momento para decirle que lo adoptamos y cómo podríamos hablar de este tema con él. He empezado a contarle un cuento acerca de un niño que había sido adoptado para que se familiarice con el término "adoptado". Personalmente, también me ha resultado de una gran ayuda acostumbrarme a decírselo.»

Ser adoptado en una familia cariñosa puede constituir una «historia de amor» realmente especial. Pero también puede ser difícil hablar de la adopción, pues implica una de las necesidades más profundas del niño: el sentido de seguridad en la pertenencia a una familia que siempre cuidará de él.

Hablar de la adopción

Cada niño tiene unas formas únicas y exclusivas de afrontar el hecho de ser adoptado, formas que pueden cambiar a medida que va creciendo. Algunos pequeños hablan muy a menudo de la adopción, formulando múltiples preguntas, mientras que otros se muestran mucho más reservados.

Hay quienes cuentan «la historia de cuando te adoptamos» mientras mecen al niño o cuando juegan con él. Como es lógico, no suelen comprender demasiado de lo que se les dice, aunque se acostumbran a oír el relato de su vida con toda naturalidad.

A algunos padres les preocupa el hecho de que si no hablan a una temprana edad de la adopción a su hijo adoptado, otras personas podrían revelárselo, lo cual podría dar lugar a más preocupaciones si cabe al pequeño. En realidad, cabe la posibilidad de que se pueda sentir traicionado y preguntarse si la adopción podría ser algo vergonzoso o algo que es preferible ocultar si se ha enterado de boca de un desconocido.

«No es culpa tuya...»

A medida que los niños van creciendo, intentan hacerse una idea personal acerca de los motivos por los que fueron adoptados. En ocasiones, durante los años preescolares, mientras se esfuerzan por controlar su «mal» comportamiento, los niños adoptados se preguntan si sus padres biológicos los abandonaron porque eran «malos» o porque lloraban demasiado. Estos pequeños necesitan percibir una actitud de reafirmación por parte de los adultos para comprender que lo que están pensando no es cierto. Es preferible decir: «Tu madre y tu padre biológicos eran incapaces de cuidar de un bebé» que decir: «Tu madre y tu padre biológicos eran incapaces de cuidarte». En otras palabras, que no había nada de malo en el niño, sino que fue aquella incapacidad la que propició la adopción. Si se les deja que se abandonen a sus propias fantasías y que piensen que fueron abandonados porque eran malos, la siguiente pregunta a sus padres adoptivos podría ser: «¿Hasta qué punto tengo que ser malo para que también me abandonéis?».

Los padres deben explicar a sus hijos adoptivos que probablemente había muchas razones por las que sus padres biológicos no podían cuidar de un niño, pero que todas ellas son cosa de adultos y nada tienen que ver con ellos. Podrías preguntarle por qué cree que algunos padres biológicos no pueden cuidar de un bebé. De este modo, tendrás la oportunidad de corregir cualquier falsa interpretación y tal vez profundizar mejor en lo que realmente quiere saber tu hijo.

La adopción es para siempre

Ser adoptado en el seno de una familia amorosa conlleva un sinfín de aspectos maravillosos. No obstante, algunos niños tienen la sensación de que la adopción también significa una pérdida, pérdida de relaciones con personas que ni siquiera han tenido la ocasión de conocer y que formaron una parte muy relevante de su historia. No sería la

Un padre me contó que se muere de vergüenza cuando quienes se enteran de que su hijo es adoptado dicen: «¡Que suerte tiene de tener un padre como tú!». Según decía, «Me hacen sentir como si fuera una especie de padre extraordinariamente maravilloso, cuando en realidad no lo soy. Al igual que todos los demás padres, mi esposa y yo tenemos altibajos, ocasiones en las que cometemos errores y otras en las que hacemos bien las cosas. Somos seres humanos como cualesquiera otros padres del mundo».

primera vez que algún pequeño ha dicho a su madre adoptiva: «Estoy muy triste porque no crecí en tu barriguita». En tal caso, la madre adoptiva debe explicarle que también ella se siente tristes por este motivo, si es que en realidad lo está, pero que asimismo se siente muy feliz de que... ¡«hayas crecido en nuestra familia»!

En la actualidad, muchas familias evitan decir: «Te escogimos», porque esto podría implicar que se han depositado ciertas expectativas en los niños que deben cumplirse para seguir siendo «escogidos». Los padres pueden pensar que están ayudando a que sus hijos se sientan seguros creyendo que han sido los «escogidos», aunque curiosamente, el efecto es diametralmente opuesto. Los niños adoptados necesitan comprender y saber que la adopción no está condicionada, sino que es para siempre. Necesitan oír cosas tales como «Eres especial, pero no por haber sido adoptado, sino simplemente porque tú eres tú. Ocurra lo que ocurra, siempre formarás parte de nuestra familia».

Sentimientos de los padres acerca de la adopción

Para la mayoría de los padres adoptivos, el proceso de adopción significa hacer frente e intentar superar determinados sentimientos: de «culpa» por el hecho de no haber dado vida a un niño o darse cuenta de que su hijo tiene una historia fuera de la familia de adopción que tal vez desconozcan. Si bien es cierto que algunas personas van superando aquellos sentimientos a medida que avanza el proceso de adopción, también lo es que pueden seguir aflorando una y otra vez.

Una de las cosas más difíciles para los padres adoptivos es oír decir a su hijo adoptado: «No eres mi verdadera madre. ¡No tengo por qué escucharte!». Cuando los niños dicen este tipo de cosas, es posible que estén reaccionando ante su propio dolor, nostalgia y miedo de su pasado desconocido. ¡Lo que conviene saber es que dicha reacción es natural en cualquier niño cuando los padres dicen «no» a algo que desea! Casi todos los pequeños, tanto si son adoptados como si no, fantasean sobre lo estupendo que sería que sus padres «reales» fueran amables, cariñosos, perfectos y que les permitieran hacer cuanto se les antojara. Es necesario decirles: «No soy tu padre biológico, pero soy tu padre real que te quiere y cuida de ti». Aunque nuestros hijos puedan protestar por los límites y reglas que rigen en casa, la verdad es que se sentirán mucho más seguros si saben que sus padres no titubean y se mantienen firmes.

A menudo, los padres, a medida que pasan los años y los niños se desarrollan de mil maneras diferentes, aseguran que resulta muy útil conocer algunos aspectos generales acerca de su desarrollo para no caer en la tentación de atribuir todos los «problemas» familiares a la adopción.

Consejos prácticos

Hablando de la adopción

■ Busca oportunidades naturales para hablar de la adopción, como cuando estás meciendo al bebé, mirando fotografías o evocando recuerdos. Procura que el niño sepa que querías tener un hijo y que te preparaste a conciencia para integrarlo en la familia.

■ Los niños adoptados deben saber que nacieron, al igual que cualquier otro bebé en el mundo. Les resultará muy reconfortante saber que tuvieron el mismo origen que cualquier otra persona.

■ Cuando hables de los orígenes de tu hijo, es útil para los niños comprender que se necesita un hombre y una mujer para procrear un bebé.

■ Es razonable decir: «No lo sé» si el niño pregunta: «¿Cómo eran mis padres biológicos?» o «Cuando sea mayor, ¿mis bebés crecerán en mi barriguita o serán adoptados?» o tal vez «¿Tuvieron otros bebés mis padres biológicos?». Son innumerables las cosas que desconocemos y que nunca conoceremos, y aunque entretanto puedan resultar frustrantes para los niños, van aprendiendo que es posible vivir con preguntas sin responder. Lo importante es que sepan que cuidamos de ellos y que nos preocupamos de sus preguntas y sentimientos.

■ Si tu hijo procede de otra cultura, de otro país o de otra raza, no está de más profundizar en sus hábitos culinarios, canciones, fiestas y rituales para ayudar al pequeño a sentirse unido y orgulloso de su herencia original. Muchos padres que han realizado una adopción internacional disfrutan compartiendo sus experiencias con otras familias similares a través de grupos de apoyo o amigos.

■ Algunos niños adoptados creen que todo el mundo es adoptado. La mayoría de los niños pequeños dan por sentado que el resto del mundo es como ellos y su familia.

Celebrar la adopción de tu hijo

■ Confecciona un álbum de fotos para tu hijo. A la mayor parte de los niños les encanta mirar fotografías de ellos mismos siendo bebés y a medida que van creciendo, y a menudo les entusiasma oír una y otra vez la historia del «día en que los adoptamos».

■ Muchas familias conmemoran el aniversario de la adopción además del cumpleaños del niño. En ocasiones preparan un almuerzo o una cena especial y a continuación cuentan la historia de cómo llegó a la familia. ¡Un auténtico día de celebración!

Sucesos trágicos en los noticiarios

«El 11 de septiembre tuve encendido el televisor durante una buena parte de la mañana. Mi hija de cuatro años estaba jugando cerca de mí, pero no pensé que pudiera darse cuenta de lo que estaba ocurriendo. Le dije que se había estrellado un avión. De vez en cuando miraba el televisor. Luego comentó que eran **muchísimos** *los aviones que se estrellaban. ¡No sabía que estaban repitiendo el mismo vídeo una y otra vez! Por su bien, juzgué oportuno apagar el televisor, y cuando quería saber lo que estaba sucediendo, ponía la radio durante algunos minutos. Por mi parte, también me siento mucho mejor con el televisor apagado.»*

En una época de crisis internacional es fácil dar por supuesto que los niños pequeños no saben lo que está ocurriendo. Pero una cosa es segura, son muy sensibles a las reacciones de sus padres, a la expresión de su rostro y al tono de su voz. Los niños intuyen cuándo papá y mamá están realmente preocupados, si están viendo las noticias en la televisión o comentándolas con terceros. Independientemente de lo que sepan acerca de una «crisis», lo cierto es que resulta especialmente aterrador para ellos descubrir que sus padres están asustados.

Imágenes confusas y aterradoras

El modo en el que se presentan las noticias en la televisión puede resultar bastante confuso para un niño pequeño. El mismo segmento de un vídeo puede ser emitido varias veces a lo largo del día, como si cada una de ellas mostrara un suceso diferente. Alguien que ha muerto vuelve a la vida para morir de nuevo instantes después. A menudo, el estado de ansiedad de los niños va *in crescendo*, ya que no comprenden en qué consisten los *replays*, los primeros planos y la angulación de la cámara en una cinta de vídeo. Cualquier suceso peligroso televisado les parece muy próximo a su casa, puesto que las escenas dramáticas están sucediendo en el televisor, justo en la sala de estar. No pueden concretar cuál es la diferencia entre lo que está cerca y lo que está lejos, entre lo que es real y lo que es simulado o entre lo nuevo y lo repetido.

Cuanto más pequeños son los niños, más probable es que se muestren interesados por las escenas de rostros en primer plano, sobre todo si la gente expresa sentimientos profundos. Cuando las noticias son muy trágicas, las imágenes de la televisión resultan con frecuencia demasiado gráficas y perturbadoras para ellos.

«¿Quién cuidará de mí?»

En tiempos de crisis, los niños quieren saber quién va a cuidar de ellos. Dependen de los adultos para su supervivencia y seguridad. Son egocéntricos por naturaleza. Necesitan saber muy claramente que sus padres están haciendo cuanto está en sus manos para velar por su bienestar y su seguridad. También debemos hacerles comprender que los gobernantes y otros adultos que ni siquiera conocen también se esfuerzan para que estén a salvo de cualquier peligro.

Ayudar a los niños a sentirse más seguros

Para los niños, el juego es una de las formas más importantes de hacer frente a sus preocupaciones. Ni que decir tiene que jugar a los noticiarios violentos puede resultar atemorizador y en ocasiones inseguro, de manera que los adultos deben estar siempre cerca de ellos para conseguir que este tipo de juego se convierta en un trabajo «nutritivo» para el desarrollo de su personalidad, como por ejemplo, un hospital para los heridos.

Cuando los niños tienen miedo o están ansiosos, pueden mostrarse más dependientes de sus padres y temerosos a la hora de acostarse. Las rabietas, el comportamiento agresivo o los «accidentes» en el uso del baño pueden ser su forma de solicitar una actitud más protectora por parte de los adultos importantes en su vida. Poco a poco, a medida que los adultos que los rodean van adquiriendo una mayor confianza, esperanza y seguridad, es muy probable que los niños hagan lo propio.

Cuando era niño y veía cosas que me asustaban en las noticias de la televisión, mi madre me decía: «Fíjate en el equipo de rescate y el equipo médico. Siempre hay alguien que te ayuda». Hasta hoy, especialmente en situaciones de «desastre», siempre he recordado las palabras de mamá y me siento reconfortado al pensar que aún existe mucha gente dispuesta a echarte una mano.

Apagar el televisor

Cuando se están emitiendo noticias trágicas en los noticiarios, a muchos padres les preocupa qué y cómo contárselo a sus hijos, lo cual resulta aún más difícil si cabe si estamos luchando con nuestros propios sentimientos acerca de lo sucedido. A veces, a los adultos les sorprende que sus propias reacciones ante la situación de crisis televisada sean tan profundas, pero a menudo las grandes catástrofes y la devastación en las noticias evoca de nuevo la pérdida de seres queridos y los temores infantiles, incluso aquellos que creían haber «olvidado».

Es fácil sentirse abrumado viendo los noticiarios televisivos, que no cesan de hablar de innumerables crisis en el mundo durante horas y horas. El acaecimiento de tantas tragedias puede causar desesperanza, inseguridad e incluso depresión. Así pues, si limitamos nuestra propia exposición a la televisión, estaremos ayudando a nuestros hijos y también nos estaremos ayudando a nosotros mismos. Los niños necesitan que pasemos tiempo con ellos, ajenos a las aterradoras imágenes de la pantalla.

Hablar y escuchar

Aunque quisiéramos, nos resultaría imposible dar a nuestros hijos todas las razones por las que se producen tantas guerras, actos de terrorismo, abusos, asesinatos, incendios, huracanes y terremotos. Si formulan alguna pregunta al respecto, la mejor respuesta es: «¿Qué crees que ha ocurrido?». Si la respuesta es: «No lo sé», la más simple de las respuestas podría ser algo así como: «Me entristecen las noticias y estoy preocupado, pero te quiero muchísimo y estoy a tu lado para cuidar de ti».

Si los pequeños no comprenden que es lógico sentirse triste y asustado, es posible que intenten ocultar aquellos sentimientos o que piensen que no están haciendo correctamente las cosas cuando se sienten de este modo. Como es lógico, no tienen por qué enterarse de todos los detalles de lo que nos entristece o asusta, pero si podemos ayudarlos a aceptar sus propios sentimientos como algo natural y normal, les resultarán mucho más llevaderos.

Los sentimientos de enojo forman parte del ser humano, en especial cuando nos sentimos indefensos. Uno de los mensajes más importantes que podemos dar a nuestros hijos es: «Es razonable estar enfadado, pero no herirnos a nosotros mismos o a los demás». Además de concederles el derecho a estar enojados, también podemos animarlos a encontrar formas constructivas de afrontar sus sentimientos. De este modo, les estaremos proporcionando herramientas útiles que les servirán durante toda la vida y les ayudarán a convertirse en los pacifistas del futuro, es decir, en quienes «cuidan de los demás».

Consejos prácticos

■ Procura tener el televisor apagado o por lo menos limitar el tiempo de exposición de tu hijo a los noticiarios.

■ Intenta mantener la calma. Tu presencia puede ayudar al niño a sentirse más seguro.

■ Reconforta a tu hijo y dale el máximo afecto físico (abrazos, leer un cuento juntos, etc.). Las demostraciones de afecto físico proporcionan seguridad interior. Por otro lado, esos momentos de intimidad también resultarán muy positivos para ti.

■ Procura que las rutinas cotidianas se desarrollen con la máxima normalidad. Los niños y también los adultos dependen de las pautas familiares de la vida diaria.

■ Planifica algo que a ti y a tu hijo os guste hacer juntos, como por ejemplo, dar un paseo, ir de picnic, jugar, etc. De este modo comprenderán que hay cosas muy sencillas en la vida que nos ayudan a sentirnos mejor, tanto en los buenos como en los malos momentos.

■ Aunque los niños no hagan ningún comentario sobre lo que están viendo u oyendo en las noticias, puede ser útil preguntarles qué creen que ha sucedido. Si los padres no abordan el tema, los pequeños pueden acumular falsas interpretaciones.

■ Centra la atención en quienes prestan ayuda a los demás (policías, bomberos, enfermeras, paramédicos y voluntarios). Tranquiliza saber que hay mucha gente que vela por el bienestar de sus semejantes.

■ Si haces un donativo, asistes a una reunión del vecindario, escribes una carta o un e-mail de apoyo solidario, procura que tu hijo lo sepa. Así comprenderá que los adultos desempeñan múltiples y diferentes roles activos, y que no nos damos por vencidos ante una situación de crisis mundial.

Divorcio y separación

«Cuando llevaba a mi hija al parque pasábamos junto a un pozo de los deseos. Me dijo que desde que su padre y yo nos divorciamos, de lo cual hacía ya varios años, siempre arrojaba una moneda en cuantos pozos de los deseos encontraba por el camino y pedía que volviéramos a reunirnos. ¡En aquel momento deseé que no se apegara a semejante deseo durante un período de tiempo excesivamente largo!»

El divorcio es triste y penoso. Con frecuencia, durante una separación o un divorcio los niños tienen la impresión de que su familia se «rompe». Incluso podría preocuparles que «Dado que mis padres han dejado de amarse, también dejarán de quererme a mí». El divorcio cambia las familia de muchas formas, pero aun así, cabe la posibilidad de que los pequeños se sientan seguros y queridos, incluso cuando sus padres no viven juntos.

«Y ahora, ¿quién cuidará de mí?»

Habida cuenta de que los niños son egocéntricos por naturaleza, lo cual no es sino una consecuencia de la necesidad de supervivencia del ser humano, desean saber quién cuidará de ellos. Cuando ven a sus padres disgustados y abrumados por el divorcio, a menudo tienen la sensación de que van a tener que ser ellos quienes cuiden de la familia. ¡Menuda carga! Resulta muy tranquilizador que comprendan que los adultos seguirán encargándose de velar por ellos, así como también de sí mismos.

«Todo es culpa mía...»

Una de las reacciones más comunes de los niños cuando los padres se deparan o divorcian es creer que todo ha sido por culpa suya. A menudo se preguntan si el divorcio podría ser una especie de castigo por haber sido «malos». Los adultos deben inculcarles que todos los niños se comportan incorrectamente mal de vez en cuando y que ésta no ha sido ni mucho menos la causa del divorcio, sino que es precisamente un problema de adultos.

En ocasiones, los pequeños se culpabilizan a sí mismos por el hecho de haber deseado alguna que otra vez desembarazarse del «yugo» de uno de los padres. ¡Qué aterrador puede ser para ellos descubrir que sus fantasías son tan poderosas que su deseo se ha hecho realidad! En este sentido, los niños deben saber que los deseos no hacen que las cosas sucedan, ni las buenas ni las malas.

Algunos de los niños de familias divorciadas creen que son ellos los responsables de conseguir que sus padres vuelvan a convivir juntos. En primer lugar, es importante recordarles que no han sido los culpables de la separación, y en segundo lugar, que ni deseándolo ni «siendo un niño modélico» podrán reunir de nuevo a sus padres, sino que son únicamente ellos quienes pueden tomar una decisión acerca de una cuestión tan de adultos como un divorcio.

El derecho de los niños a sentir

El divorcio implica una pérdida, pérdida de la familia tal y como el niño la ha conocido, y a veces la pérdida de un hogar familiar. Con frecuencia, esta pérdida va acompañada de una profunda tristeza y también de rabia. Una de las cosas que siempre podemos ofrecer a nuestros hijos es el derecho a sentir –derecho a experimentar tristeza, disgusto y dolor–. Asimismo, podemos hacer cuanto esté en nuestras manos para darles la seguridad de saber que seguirán teniendo una familia y que los adultos que forman parte de su vida continuarán cuidando de ellos y amándolos.

Necesidades y sentimientos de los padres

Cuando se produce una separación o un divorcio, los padres también pueden sentirse

Hace algunos años, cuando realizamos la producción de un especial de televisión sobre el divorcio, una mujer de entre el público que había en el estudio se puso en pie y nos dijo algo que había sido enormemente útil para ella, de niña, cuando sus padres se divorciaron. Fue lo siguiente: «Siempre estaré muy agradecida a mi mamá por haber potenciado mis propios sentimientos de amor hacia papá. Era consciente de que mamá no sentía lo mismo, pero se preocupó de que yo sí los tuviera y siguiera desarrollando mi relación con él». ¿Qué presencia de ánimo la suya al ser capaz de separar sus necesidades de las de su hija! ¡Y qué regalo tan valioso resultó para ella!

heridos o enojados. Muchos de ellos hablan de lo abrumadoras que resultan las nuevas responsabilidades de vivir solos, de que se sienten culpables de las consecuencias que va a tener el divorcio en sus hijos y, sobre todo, de la sensación de haber fracasado estrepitosamente. Pero el mero hecho de que un matrimonio haya fracasado no significa que los cónyuges sean un desastre, sino que pueden continuar queriéndose de muchas maneras.

Cuídate

Es muy difícil tener la energía suficiente para satisfacer las necesidades cotidianas de tu hijo cuando tú mismo te sientes herido, disgustado y desamado. Una de las primeras formas con las que puedes ayudarlo es ayudándote a ti mismo. Intenta no ser demasiado severo o exigente al juzgarte. Algunas personas intentan superar los tiempos difíciles del divorcio con un continuo «¡Adelante, tú puedes!». Si tienes un día duro, procura que tus hijos sepan que ellos no son la causa. Sentir el dolor y buscar formas positivas de afrontar nuestros sentimientos es muy importante para la «curación» tanto de los adultos como también para los niños.

Nadie mejor que tú conoce a tu hijo. Si intuyes que tú o el niño necesita ayuda adicional, acude a un consejero o a un grupo de apoyo. Algunas personas creen que necesitar ayuda profesional es un signo de debilidad. ¡Craso error! Suelen ser las personas fuertes y estables emocionalmente quienes son capaces de buscar y aceptar la ayuda externa cuando es necesario. Es más, todo el mundo necesita ayuda alguna que otra vez. Cualquier cosa que te permita recordar que eres una persona simpática y encantadora será positivo para tu energía.

El divorcio altera las familias de mil formas diferentes, pero una madre y un padre que no viven juntos pueden seguir queriendo a sus hijos y ayudándolos a sentirse seguros y amados.

Consejos prácticos

■ Los niños pequeños no necesitan conocer con detalle por qué sus padres se están divorciando. Basta decirles: «Lo sentimos muchísimo. Hemos reflexionado profundamente y le hemos dado una y mil vueltas al asunto, pero lo cierto es que no podemos seguir viviendo juntos». Es posible que tu hijo no sea capaz de «oír» lo que estás diciendo, sobre todo en período de estrés, de manera que deberás repetírselo continuamente.

■ Es útil para los niños que, si es posible, los dos padres estén a su lado cuando se hable del divorcio por primera vez. Tienen que ver que ambos saben cuidar de sí mismos y que continuarán siendo sus padres.

■ Si uno de los padres no se implica en lo más mínimo, puedes reconfortar a tu hijo y explicarle que algunos padres tienen tantas dificultades para asumir sus sentimientos que no son capaces de demostrar su amor.

■ Puede resultar muy útil hablar con los niños de los cambios específicos que sin duda se producirán, tales como dónde dormirán o irán a la escuela, dónde vivirá cada padre o cuándo estarán con cada uno de ellos. Los pequeños a los que no se responde con claridad a estas preguntas tan básicas es posible que den rienda suelta a su fantasía, lo cual puede ser más aterrador que la realidad. Aun en el caso de que aquellos detalles sean inciertos, les tranquiliza mucho saber que vais a velar por su bienestar.

■ Habla de lo que no va a cambiar, y especialmente de tu amor. Los niños quieren saber que algunas cosas no cambiarán y que seguirá habiendo reglas. Las reglas les ayudan a sentirse seguros y amados.

■ Los pequeños que se sienten lo bastante fuertes para creer que han sido los causantes del divorcio son los que necesitan estar sujetos a reglas más firmes, y aun cuando puedan desafiarlas, lo cierto es que se sienten más seguros si saben que los adultos controlan la situación.

■ Continúa haciendo aquellas cosas que os gusta hacer juntos, por sencillas que sean, como leer un libro, dar un paseo o asistir a un evento deportivo. Es estupendo tanto para ti como para tu hijo saber que sigue habiendo cosas con las que disfrutar incluso en los tiempos difíciles.

■ Sugiere al niño que use expresiones tales como «Estoy asustado» o «Estoy triste». Es mucho mejor que arremeter contra otras personas o romper cosas. Una de las utilidades más significativas del lenguaje es la expresión de los sentimientos.

■ Sugiérele una actividad física, como amasar plastilina o arcilla, correr por el jardín o jugar en el parque. Le ayudará a liberar una parte de la tensión acumulada a raíz de sus profundos sentimientos. También podrías animarlo a hacer dibujos, a hablar con una muñeca o a inventar cuentos.

■ Leed libros infantiles acerca del divorcio. Con frecuencia, saber que otros niños también están pasando por la misma situación y comentar las ilustraciones contribuye a que los niños acepten mejor sus sentimientos y preocupaciones, y a comprender que no están solos.

■ Cualquiera que sea la situación, es aconsejable no decir cosas negativas del otro padre. Los niños se sienten mucho más seguros cuando tienen la oportunidad de mantener relaciones positivas con los dos.

■ En ocasiones, algunos niños se sienten atrapados entre los padres. Les preocupa estar traicionando a uno de ellos cuando desean estar con el otro, mostrándose reacios a marcharse de la casa de papá para visitar a mamá. Si saben que comprendes que resulta muy duro para ellos, la situación les resultará mucho más llevadera. Procura repetir constantemente la siguiente frase: «Los niños pueden querer a su madre y a su padre aunque estén divorciados».

Padres de posteriores matrimonios

«Mi hijo pasa los fines de semana con su padre y su madrastra. Hace algunos meses descubrí que cuando regresaba a casa parecía incómodo al hablar de su madrastra. Era como si tuviera miedo de decirme que le gustaba. Decidí hablar con él de esta cuestión y le dije que no me molestaba en lo más mínimo que le gustara, siempre que no dejara de quererme. Inmediatamente se relajó. Creo que pensaba que me sentiría herida si sabía que le gustaban algunas cosas de ella. En la actualidad sigue sin hablar demasiado del asunto, pero cuando lo hace parece mucho más cómodo.»

Los niños aportan muchos sentimientos y fantasías a una familia fruto de un posterior matrimonio de uno de los padres. Una de las cosas más difíciles para aceptar al nuevo padre o a la nueva madre consiste en que los pequeños tienen, ante todo, que dejar a un lado la fantasía que probablemente han estado desarrollando desde que sus padres se divorciaron, es decir, que sus padres biológicos se casarán de nuevo entre sí y la familia volverá a estar unida. Al comprobar que uno de ellos contrae matrimonio con otra persona, su sueño empieza a desvanecerse y suelen sentirse resentidos. No es pues de extrañar que el día de la boda de su padre o de su madre resulte especialmente difícil.

Cambios difíciles

Tras el divorcio o la muerte de uno de los padres, los niños tienden por naturaleza a aproximarse más y a convertirse en más dependientes del padre que sigue a su lado. A decir verdad, un niño cuyo padre se ha marchado tiende a considerar a su madre más «mía» que nunca. Cuando un nuevo padre entra a formar parte de la familia, el pequeño tiene que compartir el «mamá es sólo mía», experimentando quizá otra terrible pérdida.

Lógicamente, las nuevas rutinas, las nuevas responsabilidades, las nuevas expectativas y en ocasiones un nuevo hogar o un nuevo dormitorio pueden resultar muy difíciles de asumir. A veces, cuando se producen demasiados cambios al mismo tiempo, los niños pequeños se sienten indefensos, tristes y disgustados. Incluso podrían empezar a actuar nuevamente como un bebé o hacer gala de una extraordinaria intransigencia con su padre o padrastro.

Cuando al nuevo padre le acompañan nuevos «hermanos y hermanas» es natural que se sienta celoso al pensar quién va a tener más privilegios y quién recibirá una mayor atención de su padre biológico y de su padrastro o madrastra. En ocasiones, ver cómo su padre o su madre prestan atención a sus hermanastros hace que el niño se pregunte: «¿A quién quieres más? ¡Después de todo, yo soy tu verdadero hijo!».

Sentimientos complejos

Los niños se pueden sentir atrapados entre la antigua y la nueva familia y preguntarse: «¿Estaré traicionando a papá si me gusta mi padrastro... o estaré traicionando a mi padrastro si sigo queriendo a mi papá?». Asimismo, pueden pensar que supone un riesgo excesivo desarrollar un vínculo de unión con un padrastro, ya que algún día esta persona también podría marcharse.

Los celos, la cólera, el miedo y la tristeza son sentimientos naturales y normales en todas las familias y sobre todo en las que son el resultado de un matrimonio posterior. Los niños deben saber que hablar de este tipo de sentimientos forma parte del trabajo que cuesta convertir a la nueva familia en una familia real.

Poco a poco, la mayoría de los pequeños consiguen superar los complejos sentimientos derivados de vivir con un padrastro o una madrastra. Con la ayuda de sus padres biológicos y de los nuevos padres pueden

*U*na pareja que conozco se separaron cuando su hijita era un bebé. Al cumplir los cuatro años, su madre volvió a casarse y me dijo: «A mi hija le está costando horrores aceptar a mi nuevo marido en nuestra familia. A menudo le dice que lo odia y que desearía que se marchara por donde ha venido. Creo que a su modo nos está poniendo a prueba para comprobar si estaría dispuesto a quedarse antes de que ella decidiera aceptar nuestra nueva familia. Le comentamos que nos preocupaban mucho sus sentimientos, pero también le aseguramos con una absoluta claridad que mi nuevo marido había venido para quedarse. Finalmente se tranquilizó. Estoy convencida de que aquellos mensajes le ayudaron muchísimo.»

llegar a comprender que la nueva relación también le proporcionará una auténtica seguridad.

El esfuerzo de formar una nueva familia

La mayoría de las parejas tienen grandes expectativas, esperanzas y sueños cuando deciden formar una nueva familia. Aunque pueda preocuparles cómo conseguirán adaptarse los niños, suelen confiar en que su amor será lo bastante fuerte para mantener unida la nueva familia. Muy a menudo, sin embargo, las parejas inician la convivencia sin darse cuenta del extraordinario esfuerzo que supone formar una «familia combinada». Asimismo, también pueden sentirse particularmente presionadas porque no desean que el segundo matrimonio acabe en divorcio.

Los dos miembros de la pareja aportan al matrimonio determinados sentimientos relacionados con el pasado y, con frecuencia, percepciones diferentes acerca de cómo será la vida familiar. Dado que los adultos consideran esta nueva relación como una «segunda oportunidad» superespecial, pueden experimentar una profunda frustración al comprobar que sus hijos no comparten su felicidad.

Cuando los niños se muestran beligerantes, discutidores o retraídos, es difícil para los padres recordar que posiblemente se sientan heridos. La mayoría de los padrastros y madrastras llegan a la conclusión de que la vida familiar puede resultar mucho más llevadera si son capaces de equilibrar las necesidades de los niños con las de los adultos.

Disciplina

Uno de los mayores desafíos para un padrastro o una madrastra consiste en determinar qué rol debe desempeñar a efectos de disciplina. La disciplina eficaz se desarrolla en el seno de una relación positiva entre un padre y un hijo, y esta relación sólo es posible en el marco de la calidez y el amor.

Así pues, es comprensible que al principio el padre biológico sea el que consiga disciplinar al pequeño con más eficacia. En el caso de que tenga que intervenir el padrastro o la madrastra, algunos niños podrían decir: «¡No tengo por qué escucharte! ¡No eres mi mamá (o mi papá)!». Incluso pueden argumentar que existen reglas diferentes en casa del otro padre. En estos supuestos suele ser recomendable responder: «Cada padre hace las cosas a su manera, y ésta el la forma en la que las hacemos aquí». De ahí que sea útil establecer reglas estrictas que resulten fáciles de comprender y que se apliquen a todos los hijos por un igual.

Las relaciones evolucionan poco a poco y a menudo se fundamentan en un contexto de «solos tú y yo», cuando hacéis juntos cosas que os gustan, tales como preparar una merienda, leer cuentos o ir al parque.

En la mayoría de las familias de posteriores matrimonios se tardan años en construir relaciones respetuosas, de calidad y afectuosas, años de escuchar y hablar de las cosas importantes que ayudan a todos a evolucionar juntos en el seno familiar.

Consejos prácticos

■ Procura implicar a los niños en la ceremonia de la boda o en las reuniones posteriores. Pregúntales qué les gustaría hacer. Aun así, no los fuerces si no desean participar. Por el mero hecho de preguntárselo les estás ayudando a comprender que son importantes en la nueva familia.

■ Si te mudas a una nueva casa, procura, si es posible, que tus hijos tomen algunas decisiones en relación con su dormitorio, tales como dónde colocaréis el mobiliario o de qué color pintaréis las paredes. De este modo, se sentirán más a gusto.

■ Si tus hijastros te visitan algún fin de semana, prepárales un lugar para ellos (una habitación o por lo menos un cajón para guardar sus cosas). Tener un sitio propio puede ayudarles a sentirse más seguros y mejor recibidos.

■ Las vacaciones pueden resultar especialmente difíciles a causa de las obligaciones adicionales que conlleva una familia de un matrimonio posterior. Antes de que lleguen, habla con tu hijo de los planes y dale algunas opciones.

■ Los cambios en la familia pueden generar sentimientos difíciles, temores y fantasías, al igual que cuando va a nacer un bebé o antes de que los padres emprendan un viaje. En estos casos, los niños necesitan apoyo extra. También deben saber que siempre ocuparán un lugar exclusivo en tu corazón.

■ Procura establecer una cierta regularidad en los contactos de tu hijo con el otro padre. Si sabe cuándo podrá telefonearlo o visitarlo, se sentirá más cómodo y controlando la situación. La mayoría de los niños y también de los adultos prefieren saber a qué atenerse de antemano que verse sorprendidos por los acontecimientos.

■ Si es posible, procura ayudar a tu hijo a mantener sus relaciones con los abuelos y demás parientes de su familia biológica. Forma parte de ellos y de su historia. Cuando los niños siguen vinculados a su pasado, es mucho más probable que se sientan más seguros en el presente.

■ Al principio, a muchas familias de posteriores matrimonios les resulta útil disponer de los servicios de un consejero profesional. Constituye todo un desafío diferenciar los problemas asociados a la vida familiar de los derivados de la fusión de familias. Hay muchos profesionales con una larga experiencia en este tipo de situaciones familiares.

Cómo abordar el tema de la muerte

«Durante los primeros días después de la muerte de mi padre, lloré muchísimo, lo cual disgustó profundamente a mi hija, que repetía una y otra vez: "Sonríe mamá, sonríe". De manera que decidí ocultar mi tristeza. Pero aun así, la pequeña parecía advertir mi desconsuelo. Le dije que aunque no podía hacer nada para aliviar mi pesar, sí podía hacer algo muy importante para que me sintiera mejor: besarme y abrazarme. Creo que sus abrazos la ayudaron tanto como a mí.»

La mayoría de los niños pequeños saben algo acerca de la muerte. Es posible que hayan visto un pajarillo o una lombriz muerta, o que hayan perdido a su querida mascota. También es probable que hayan visto morir a alguien en la televisión. Sin embargo, su noción de la muerte es muy limitada y simplista, y es probable que esté rodeado de un sinfín de dudas. Y precisamente por el hecho de no comprender el significado de la muerte, es necesario que los adultos se encarguen de explicárselo.

Los niños son curiosos

Por naturaleza, los niños conocen mucho mejor lo que pueden ver o tocar. Su primera idea de la muerte consiste en que lo que está muerto no se mueve, pero no son capaces de ir más allá. Se muestran curiosos en relación con la muerte y podrían formular preguntas tales como: «Si metemos a la abuela en el ataúd, ¿qué ocurrirá?».

Muchas de las preocupaciones infantiles se centran en las funciones vitales que son importantes para ellos —«¿Una persona o animal muerto tiene hambre..., siente frío..., se hace caca o pipi en el suelo?»—, lo cual no significa ni mucho menos que los niños pretendan herir los sentimientos de los demás con lo que dicen. Simplemente se preguntan un sinfín de cosas acerca del momento de la muerte. Formular la misma pregunta una y otra vez les da la oportunidad de verificar nuestras respuestas y comprender poco a poco lo que está sucediendo.

Como es lógico, la finalidad de la muerte

es lo más difícil de comprender, sobre todo para un niño pequeño. Después de todo, sus amigos «juegan a morirse», luego se ponen en pie y continúan corriendo. Lo mismo ocurre con los personajes de dibujos animados. Un niño cuya madre había fallecido preguntó: «¿Volverá mamá para mi cumpleaños?». Los niños tardan mucho tiempo en descubrir que la muerte es para siempre.

También es posible que se muestren curiosos por ver qué «aspecto» tiene la muerte. A algunos padres les preocupa que sus hijos queden traumatizados si ven un ataúd abierto, pero con una cuidadosa preparación, ver un cadáver puede resultar menos aterrador que sus propias fantasías. Incluso es posible que quieran tocar el cuerpo para saber «qué tacto tiene la muerte».

Las palabras pueden ser confusas

Aunque los niños responden mejor al tono de la voz que a cualquier palabra especial que podamos utilizar, es importante tener cuidado con las explicaciones, ya que suelen tomar literalmente lo que decimos. En una ocasión, hablando de la muerte, alguien dijo a un niño que era como «acostarse y dormir». Como consecuencia, al pequeño le costaba horrores ir a la cama y conciliar el sueño, pues temía no despertarse jamás. Por otro lado, si los niños oyen decir que tal o cual persona ha «perdido» a su padre o a su madre, ¡imagina lo que podrían pensar!, y si se les dice que el abuelito ha emprendido «un larguísimo viaje», podrían

Mi primer recuerdo sobre la muerte de una persona allegada se remonta a los seis años de edad. El abuelo Rogers trabajaba como ingeniero de planta en una compañía de acero y era un hombre muy fuerte. Falleció de repente, de un infarto. Nunca se me había pasado por la cabeza que alguien tan fuerte pudiera morir algún día.

*Lo que recuerdo con más claridad acerca de la muerte del abuelo Rogers es el llanto de papá. Lo vi en el recibidor con las lágrimas rodando lentamente por su rostro. Creo que nunca antes le había visto llorar. No obstante, me alegro de que así fuera, ya que muchos años más tarde, cuando **él** murió, lloré, y en lo más profundo de mí ser sé que me hubiera dicho que llorar era algo natural.*

querer saber: «Si regresó de sus vacaciones el año pasado, ¿cuándo volverá esta vez?».

A pesar de nuestras mejores intenciones, muchas de nuestras palabras pueden asustar o confundir a los niños. «Si el cielo está allí arriba», se han preguntado algunos pequeños, «¿por qué hemos "quemado" a tía Suzie aquí abajo?», o «Si me monto en un avión, ¿podré ver a mi mamá que está en el cielo?». Cuando inadvertidamente decimos a nuestros hijos: «Tu papá está en el cielo y te ve», lo hacemos con la intención de consolarlos, pero para un niño estas palabras podrían desencadenar la imagen de un espía que ve y sabe todo lo que piensa y hace. A menudo, es preferible responder a sus preguntas acerca de la muerte con un «Nadie lo sabe con seguridad, pero creo que...». Otra forma especial de mantener una comunicación abierta entre padre e hijo es decirle: «Yo también me lo pregunto».

Cada niño reacciona de un modo diferente

Cuando muere un ser querido, algunos niños lloran desconsoladamente, mientras que otros no vierten una sola lágrima. A algunos les resulta fácil hablar de ello abiertamente, y otros se guardan para sí sus pensamientos y sentimientos durante un largo período de tiempo. Un niño podría encontrar consuelo en la música, y otro preferir leer cuentos. Incluso los hay que actúan como si nada hubiera ocurrido y siguen jugando y comportándose como de costumbre. Los niños necesitan tiempo para comprender el significado de la muerte y de morir, e incluso cuando consiguen comprenderlo, es posible que no estén preparados para reconocer sus propios sentimientos de dolor. Por nuestra parte, debemos respetar siempre su actitud. Cada miembro de la familia tiene su propia forma de expresar el pesar y cada cual lo hace a su ritmo.

Recuerdo al abuelo

Expresar sentimientos

Cuando los niños tienen cuatro o cinco años, sus impulsos agresivos suelen ser muy intensos. Si un niño se enoja con un padre y éste fallece, podría sumirse en una profunda lucha interior para dirimir hasta qué punto su enfado ha sido la causa de su muerte. Los pequeños deben comprender que por mucho que queramos a alguien, hay veces en que nos enfadamos con esa persona, pero que tener pensamientos de disgusto no significa en absoluto que deseemos su muerte. Para los niños es fundamental darse cuenta de que los pensamientos y deseos no hacen que las cosas sucedan, tanto si son positivos como negativos.

Los pequeños también pueden enojarse porque aquella persona a la que tanto aman ha fallecido y los ha abandonado. Podríamos ayudarlos diciendo algo así como: «Nos puede disgustar muchísimo que alguien se marche y no regrese jamás. La mayoría de la gente se siente fatal cuando muere alguien a quien aman». Identificar un sentimiento y oír que no hay nada malo en él puede ser de gran ayuda para un niño y hacerle más fácil hablar de ello.

A menudo, cuando los niños pasan por períodos de tensión y estrés, experimentan una regresión hasta una época en la que se sentían más seguros, perdiendo las habilidades que ya habían alcanzado, como el uso del baño, hablar con claridad y dormir toda la noche. Incluso pueden mostrarse muy apegados y abiertamente dependientes, exigiendo la máxima atención.

Una de las formas más adecuadas y necesarias con las que los pequeños pueden expresar su dolor es a través del juego. Algunos padres se sienten incómodos cuando sus hijos «juegan a la muerte» poco después del óbito de un familiar. Hasta cierto punto, les podrían parecer insensibles. Nada más lejos de la realidad. Los niños que incluyen el concepto de la muerte en sus juegos suelen ser tan sensibles a ella que utilizan todos los medios que están a su alcance para intentar comprender su significado y sus propios sentimientos.

Necesidades y sentimientos de los padres

Cuando muere alguien muy querido, los adultos podemos sentirnos tan vacíos que apenas experimentemos el deseo de pensar en nada excepto en lo que acaba de acontecer. Es natural tener la impresión de que no tenemos demasiado que ofrecer a los demás, pero lo cierto es que en estos momentos es precisamente cuando nuestros hijos nos necesitan más que nunca.

Puede ser difícil determinar lo que necesitan exactamente los niños en estas situaciones, pero con mucha frecuencia las mismas cosas que nos ayudan a nosotros también les ayudarían a ellos, cosas tan simples como abrazar, hablar y disfrutar de un rato relajado juntos. Invitar e incluir a los hijos en las formas familiares tradicionales de afrontar el dolor es una de las mejores cosas que podemos hacer tanto para ellos como para nosotros mismos. Es fácil olvidar que tienen algunos de los mismos sentimientos que estamos experimentando –tristeza, soledad e incluso cólera y culpabilidad–. Ser consciente de que estos sentimientos son naturales y normales para todos hace más fácil poder compartirlos mutuamente.

Responder a las preguntas de los niños

Tu hijo puede enterarse de la muerte de alguien en otra familia y darse cuenta de repente de que las personas fallecen. Tarde o temprano, la mayoría de los niños preguntan: «¿Te morirás mamá... papá?». Con la máxima sinceridad, podemos responder algo así como: «Espero estar vivo durante mucho, muchísimo tiempo. En cualquier caso, siempre habrá alguien cuidando de ti».

La muerte es un misterio. Cuando los pequeños formulan preguntas acerca de la muerte, nadie tiene respuestas para todo, y aun en el caso de que hayas dicho algo de lo que más tarde te arrepientas, procura demostrar a tu hijo que existen formas más afortunadas de abordar la cuestión. Si eres capaz de aceptar tu humanidad, el niño también lo hará.

Probablemente habrá muchas veces a lo largo de la vida en que los niños tengan la sensación de que su mundo se ha vuelto del revés. Saber que el amor verdadero y los buenos recuerdos nunca mueren contribuye a que todos los miembros de la familia puedan superar los momentos de crisis.

Consejos prácticos

Hablando de la muerte

■ Es útil usar ejemplos con palabras que los niños puedan comprender, tales como «el pez muerto no puede nadar ni comer... nunca más».

■ Enterrar un pececito muerto en el jardín te da la oportunidad de decir a tu hijo que cuando el cuerpo muere, a menudo se entierra. Si hemos preparado a los niños para la muerte antes de que fallezca un ser querido e importante en su vida, les será más fácil afrontarlo cuando suceda en la realidad.

■ Comparte los recuerdos de tus experiencias y sentimientos de cuando eras niño y se murió una mascota o una persona muy querida. De este modo, tu hijo comprenderá que estos sentimientos son naturales y normales.

■ A los niños les asusta pensar que la tristeza que sienten cuando muere alguien a quien aman pueda abrumarlos para siempre. Puede ser muy útil para ellos enterarse de que «la tristeza no es eterna» y que «las mismas personas que unas veces se sienten muy tristes, otras se sienten muy dichosas». Y esto es verdad para todos nosotros. Autorízalos a reír y divertirse si es así como se sienten. Gozar de algo no significa traicionar la memoria del ser querido que ha fallecido. Apreciar la vida también es una forma de honrarlo.

■ Aunque por el momento parezca que has «solucionado» todas las preguntas de tu hijo acerca de la muerte, es posible que afloren, las mismas u otras diferentes, más tarde. Al igual que ocurre con todas las cosas difíciles de la vida, vas a tener innumerables oportunidades de ayudarlo a comprender su significado.

■ También podrías sugerir a tu hijo que confeccionara un álbum de fotos con recuerdos de la persona fallecida. Es una forma excelente de mantenerlos vivos y de conservar viva en nuestro corazón y en nuestra mente la relación que nos unía a ella. El dolor no se supera olvidando, sino aceptando la muerte poco a poco y buscando nuevas formas de enriquecer a nuestra familia perpetuando el recuerdo de nuestra relación con el difunto.

■ Dedica algún tiempo a estar con tu hijo haciendo juntos alguna cosa que os guste a los dos, como leer un cuento o dar un paseo. Los adultos y los niños desconsolados por la muerte de un ser querido necesitan atención extra, y estos momentos juntos os pueden «nutrir» tanto a ti como a tu hijo. Si esto implica cambiar temporalmente algunas de las rutinas habituales, no tardarás en comprobar que el pequeño va retornando gradualmente a la «normalidad».

■ Cuando muere una madre, un padre, un hermano o cualquier otro pariente próximo o amigo íntimo, puede ser una de las mayores tragedias que debe afrontar una familia. Si tienes la sensación de que tú o tu hijo necesita ayuda profesional para sobrellevar esta crítica situación, acude a un consejero o a un grupo de apoyo.

El funeral

■ Incluso a los niños muy pequeñines les puede resultar beneficioso participar en algunos de los rituales relacionados con la muerte, siempre que se los prepare para lo que van a experimentar y respondas a todas sus preguntas. Sentirse excluido es mucho más duro para los niños que sentirse triste.

■ Antes de ir al funeral, dile a tu hijo que verá a mucha gente llorando. Dile también que es posible que otras personas charlen desenfadadamente o que incluso cuenten chistes. Procura que comprenda que cada cual afronta la muerte y los funerales a su manera.

■ Si llevas a tu hijo a la capilla del tanatorio, procura que esté a su lado un amigo adulto con el que se sienta a gusto para que pueda ayudarlo si necesita un «descanso», ir al baño o si le abruman el llanto, la muchedumbre o las demostraciones de dolor.

■ Si realmente no desea ir al funeral o crees que sería mejor que no fuera, hay otras formas en las que puede participar de este importante momento de pesar. En este sentido, podrías organizar una reunión en el tanatorio o en el cementerio «sólo para la familia» o sugerir que colabore despúes del funeral a agradecer su presencia a los asistentes o a servir los refrescos si la ocasión es propicia.

■ Si el niño se siente incómodo, abrázalo en tu regaño durante el servicio fúnebre. Le reconfortará, y a ti también. Tener cerca a los niños en este tipo de situaciones nos recuerda que la vida sigue, y sigue, y sigue...

Acerca del autor

Fred McFeely Rogers es más conocido como Míster Rogers, creador y presentador, compositor y titiritero del programa más largo de la PBS, *Mister Rogers' Neighborhood*.

Su viaje al «Neighborhood» empezó en 1950, durante su último año en el Rollings College. Sintió curiosidad acerca del potencial que podía tener la televisión infantil. Después de graduarse en la Universidad de Rollins trabajó en la NBC como ayudante de producción para *The Kate Smith Hour* y *The Voice of Firestone*. En 1952 se casó con Joanne Byrd, pianista y graduada en Rollins.

Tras regresar a su tierra natal, el oeste de Pennsylvania, en 1953, contribuyó a fundar la televisión pública de Pittsburg, WQED, y coprodujo el programa de una hora diaria en directo *The Children's Corner*, para el que trabajó como titiritero y músico. Con el fin de ampliar su comprensión de los niños, Fred Rogers inició un estudio profundo de los niños y las familias en la Graduate School of Child Development, en la Escuela de Medicina de la Universidad de Pittsburgh, donde tuvo la ocasión de trabajar estrechamente con niños de corta edad bajo la supervisión de la doctora Margaret B. McFarland, psicóloga clínica. Asimismo, finalizó un Master of Divinity en el Seminario Teológico de Pittsburgh y fue ordenado ministro presbiteriano en 1963, con la única misión de servir a los niños y a las familias a través de los medios de comunicación.

Mister Rogers' Neighborhood debutó en la televisión pública en 1968, y desde entonces, sus preeminentes series han obtenido el reconocimiento internacional como un esfuerzo pionero de comunicarse con niños pequeños a través del televisor acerca de cosas que importan en la infancia. *TV Guide* dice: «[...] *Mister Rogers' Neighborhood* nos hace sentir seguros, a los niños y a los adultos, cuidados y valorados [...]. Allí donde está Míster Rogers, se convierte en un santuario». Fred Rogers ha recibido prácticamente todos los premios más importantes de la televisión y de la educación, así como diplomaturas honorarias en más de cuarenta universidades. En el año 2002 fue galardonado con la Medalla Presidencial de la Libertad.

Fred Rogers es el jefe ejecutivo presidente del Board of Family Communications, Inc., la entidad sin ánimo de lucro que fundó en 1971 para producir *Mister Rogers' Neighborhood*. Desde entonces, la compañía se ha diversificado y ahora produce materiales que no se emiten y que reflejan la misma filosofía y finalidad: alentar el crecimiento emocional sano de los niños y de sus familias.